青木和子の刺しゅう

EMBROIDERED

庭の野菜図鑑

KITCHEN GARDEN

文化出版局

EMBROIDERED KITCHEN GARDEN

CONTENTS

きっかけは、夏の畑の土の香りが詰まった野菜のダンボール。
その中から出てくる、見たこともない形の色鮮やかなトマト、
しゅっと細長いナス、
食べたことのない紫色やクリーム色のインゲン、
名前も知らない葉っぱたち。
どんな味がするのか、
はやる気持ちをおさえて、まずはスケッチ。
赤と緑の混ざったトマト、
赤と紫の混ざりもあります。
ズッキーニの白いまだらは水彩だと描きにくい。
でも、刺しゅうだと案外表現しやすいかもと、
描きながら刺しゅうをしている気分。
花とは違う形と色の組合せは新鮮で、
しかもスケッチの後、その味を確かめられます。
身近な植物をスケッチしたり刺しゅうすることで、
より親密な関係を結ぶことができます。
どうぞこの『庭の野菜図鑑』で、
野菜との特別な時間を過ごしてください。

アトリエにて　　　　　　　　　　青木和子

KITCHEN GARDEN PLANNING

>see p.54

>see p.55

>see p.56

'Sicilian Rouge'
'Aiko'
'Green Zebra'
'White Queen'
'Blackcherry'
'Tomatoberry'

>see p.57

>see p.58

'Dragon tongue'
'Contender'
'Golden yellow'
'Amethyst'

Bean

>see p.59

>see p.60

>see p.61

>see p.62

Dill

>see p.63

>see p.64

>see p.65

Zucchini

>see p.66

Okra

>see p.67

>see p.68

Asparagus

>see p.69

MESCLUN
'Pino Green'
'Red Cos'
Miguna
'Green Oak'

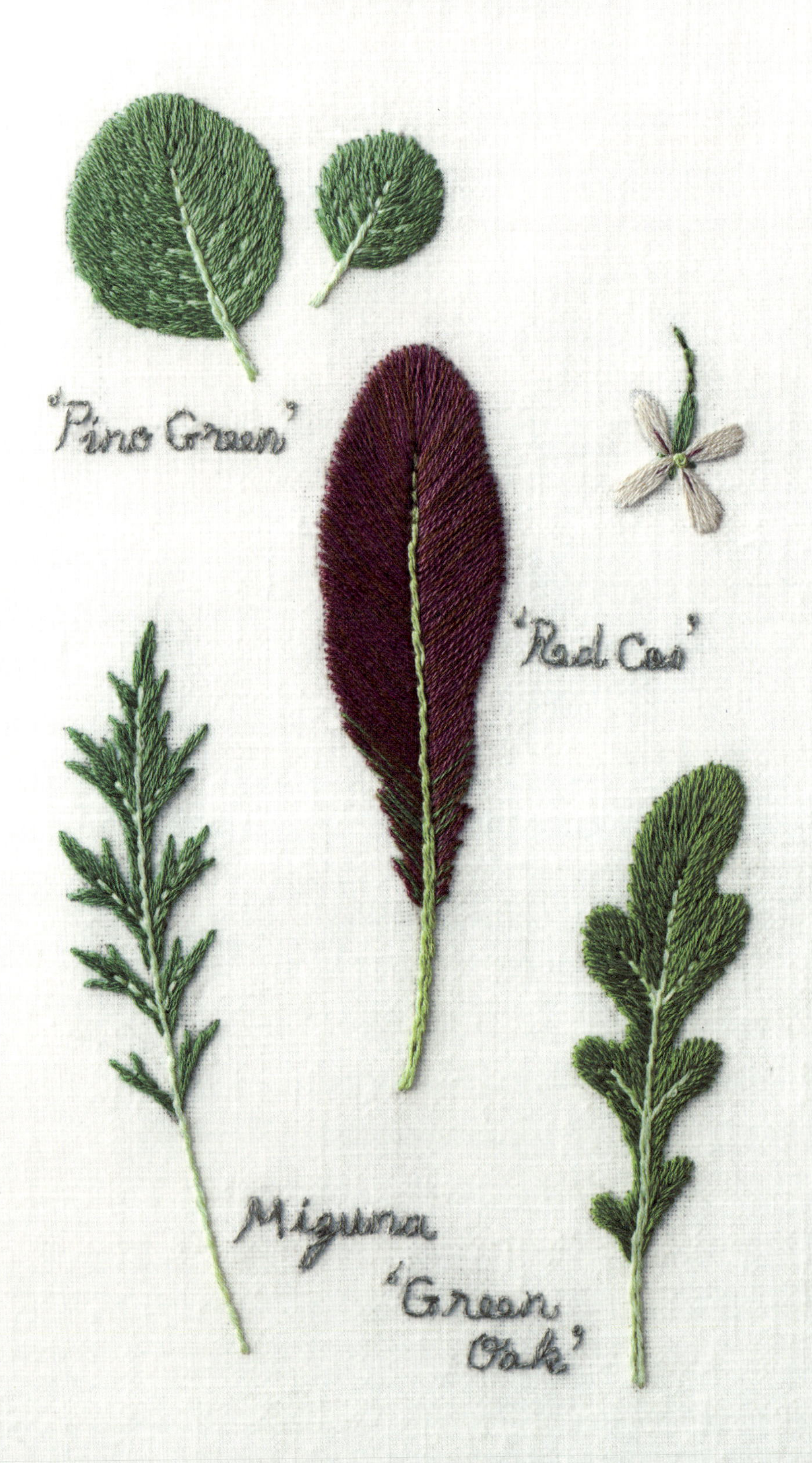

>see p.70

>see p.71

EDIBLE FLOWER

>see p.72

Primula

Daisy

Narrow-leaved Vetch

Lilac

Cornflower

Nasturtium

>see p.73

小さなころから野菜が苦手だったのは、
きっと野菜のケミカルディフェンスのせいです。
これは、野菜が虫などに食べられないように、
苦みやにおいで自らを防衛するシステム。
今でも、次々と目の前に現れる新顔の野菜は、
私にとっては、舌の上の冒険のようです。
多彩な味で体においしい野菜は、
モチーフとして目にもおいしい。
想像できない色の組合せや、
時としてひょうきんな形。
どうやったら刺しゅうできるのか、
悩ませ、考えさせてくれる、
インスピレーションのキーになります。

MY FAVORITE TOOLS

>see p.74

>see p.75

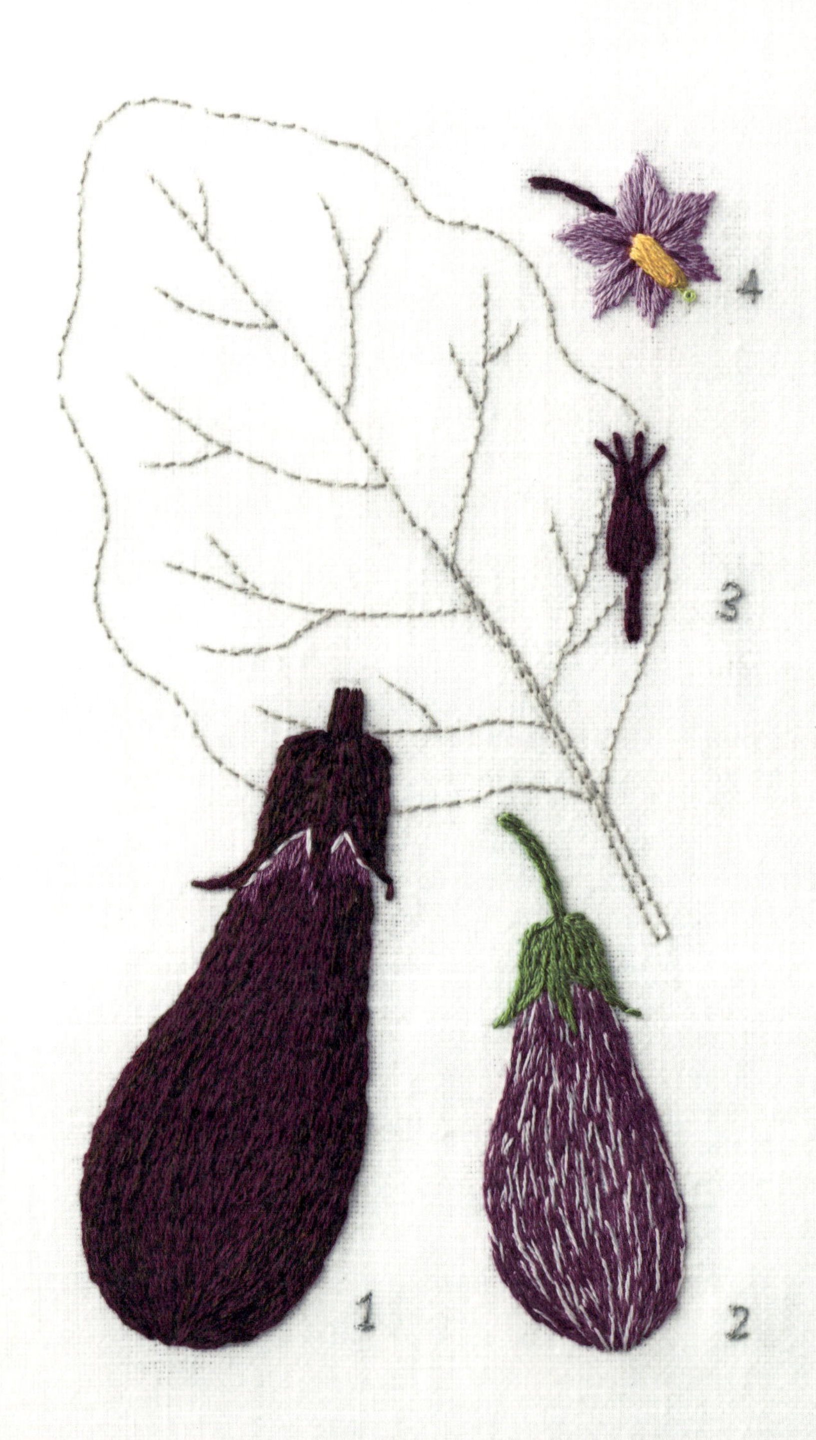

Egg Plant

>see p.76

'Vietnam Orange'
'Habanero'
'Red Chili'
'Hot Gold Spike'
Chili Pepper

>see p.77

>see p.78

>see p.79

Pumpkin and Squash

>see p.80

'Korinnki'

'Sweet Mamma'

'Butternut'

'Jackpot'

>see p.81

>see p.82

>see p.83

>see p.84

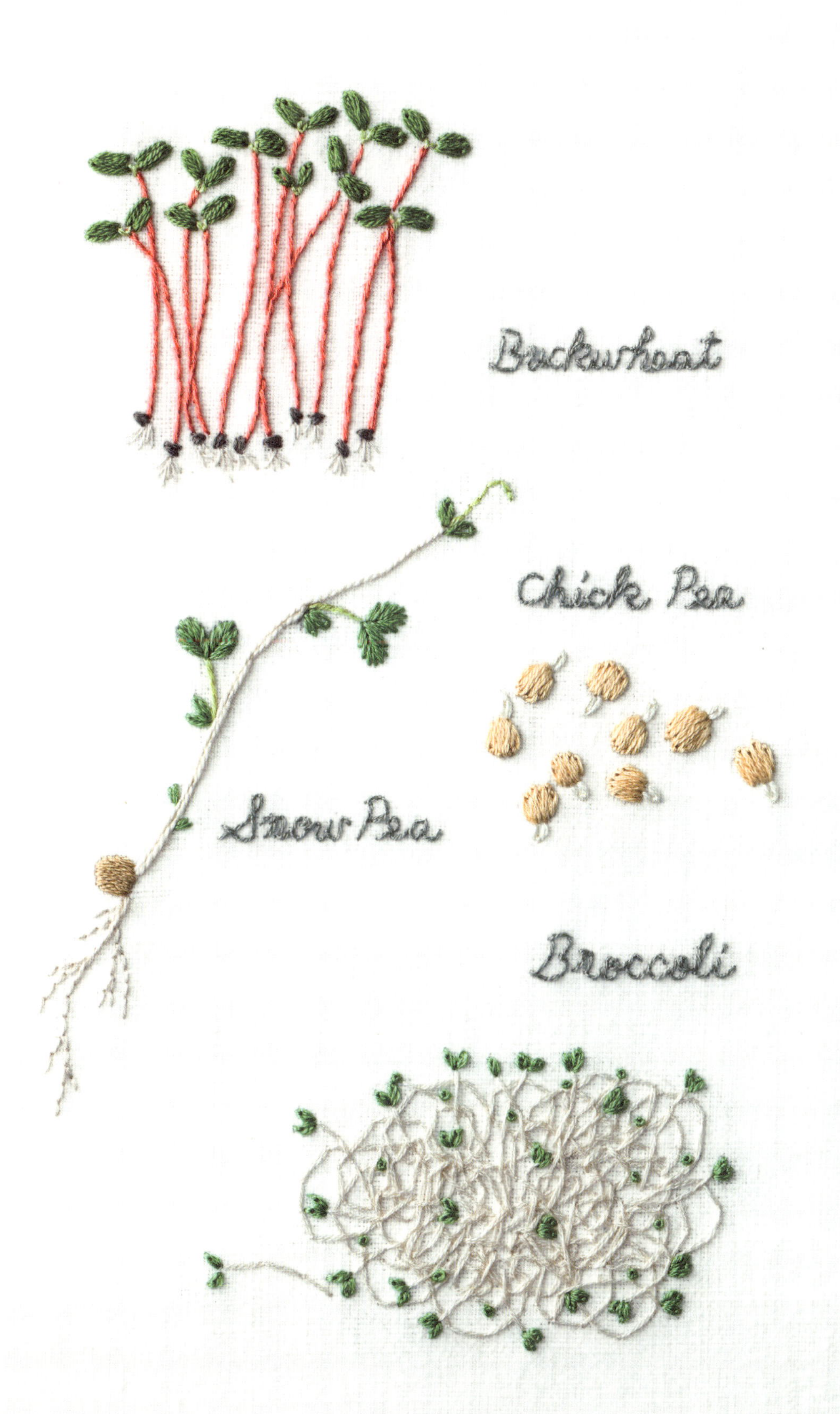

>see p85

>see p.86

>see p.87

>see p.88

>see p.89

>see p.90

Juneberry

>see p.91

KITCHEN GARDEN VISITORS

>see p.92

>see p.93

How to make

刺しゅうをするときに

＊糸のこと

この本では、おもにDMCの刺しゅう糸を使用しています。5番刺しゅう糸、麻刺しゅう糸はそのまま1本どりで刺しゅうします。25番刺しゅう糸は細い糸6本でゆるくよられているので、使用する長さ(50～60cmが最も使いやすい)にカットした後で1本ずつ引き抜き、指定の本数を合わせて使います(この本では指定がない場合は3本どり)。
2色以上の糸を合わせて針に通して刺しゅうすることを､「引きそろえ」と言います。色が混ざり合って深みが増し、効果的です。
この本の作品のコーチングステッチは、押さえている糸を目立たせたくないので、特に指定がない場合は25番1～3本どり、5番糸は同色の25番1本どりで押さえています。麻糸の場合は、似たような色の25番1本どりを使用します。

＊針のこと

刺しゅう糸と針の関係はとても大切。糸の太さに合わせて、針を選んでください。針先のとがったものを使用します。

5番刺しゅう糸1本どり……フランス刺しゅう針No.3～4
25番刺しゅう糸2～3本どり……フランス刺しゅう針No.7
25番刺しゅう糸1本どり……細めの縫い針
麻刺しゅう糸1本どり……フランス刺しゅう針No.7

＊布地のこと

この本の作品は麻100％の布地を使い、30cm幅40cm(A3サイズ程度)の中央に刺しゅうしました。その後の仕立ての方法にもよりますが、パネルや額に入れる場合は、図案のまわりに10cm以上の余白をつけておきます。
刺しゅうをする布地の裏面には必ず片面接着芯(中厚程度)をはります。布の伸びがなくなり、裏に渡った刺しゅう糸が表側に響かず、仕上りが格段によくなります。

＊図案のこと

図案は、実物大で掲載しています。まず、トレーシングペーパーに写し取ります。さらに、布地の表面にチョークペーパー(グレーがおすすめ)と図案を描いたトレーシングペーパー、セロファンを重ねて、手芸用鉄筆で布地に写します。

＊枠のこと

刺しゅうをするときは、布地を枠に張るときれいに仕上がります。小さいものは丸枠、大きなものはサイズに合わせて、文化刺しゅう用の四角の枠を使います。

＊私のこつ　野菜を刺しゅうするとき

・野菜は実もの、葉ものなど面を刺し埋める場合が多くなるので、実ものはスプリットステッチ、葉ものはサテンステッチにするなど、ステッチの違いで質感を変えています。
スプリットステッチで丸形を刺すとき(p.56や76など)は、中心からスタートしてまず輪郭線を刺し、次はその半分のところを刺すというように、放射状に刺し進めていくときれいに納まります。サテンステッチは中心から短いほうに向かって、上下、左右と仕上げます。

・葉ものは茎を先に刺しますが、葉の中の茎や葉脈は後からにしたほうが、ステッチがふんわり乗ってすっきり見えます。

・葉や花は外側から内側に向かって刺したほうが、角度や方向を決めやすいです。

・図案や刺し方のページは見やすく工夫をしていますが、刺しゅうをする前には実物を見たり、図鑑など本の写真やインターネットで画像を確認することをおすすめします。全体のイメージを知っておくと刺しゅうで表現しやすくなり、針に迷いがありません。

・野菜は種ごとの特徴はありますが、それぞれの育ち方によって色や形が違います。葉が多くなっても、実がいびつになってもそれはそれ。どうぞ手元で育てるように刺しゅうをしてください。

刺しゅうのステッチ

図案の中では、ステッチを「S」と省略しています。

ランニングステッチ

ステッチを入れたいけれど、目立たせたくない場合に使います。

バックステッチ

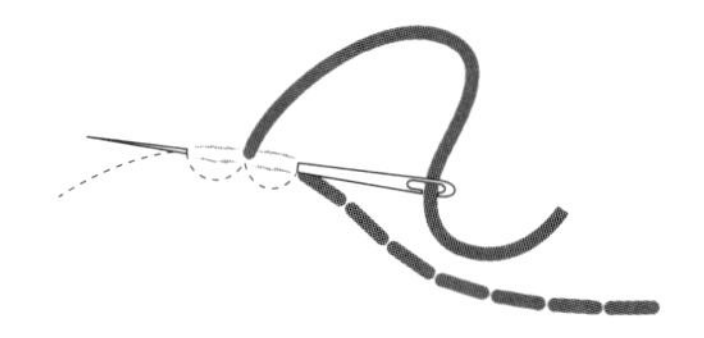

すっきりとした線刺しに仕上がります。カーブを刺すときは、針目を細かくします。葉の柄や根の先端などに使っています。

アウトラインステッチ

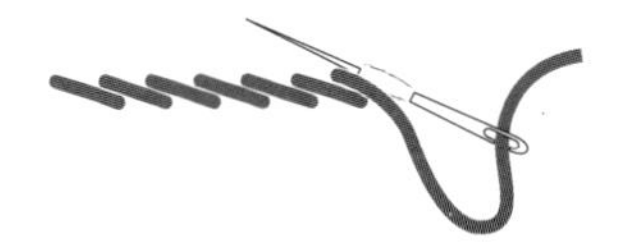

ボリュームとテクスチュア感のある線刺しになります。並べて刺して面刺しにも使うこともあります。茎や根に使っています。

コーチングステッチ

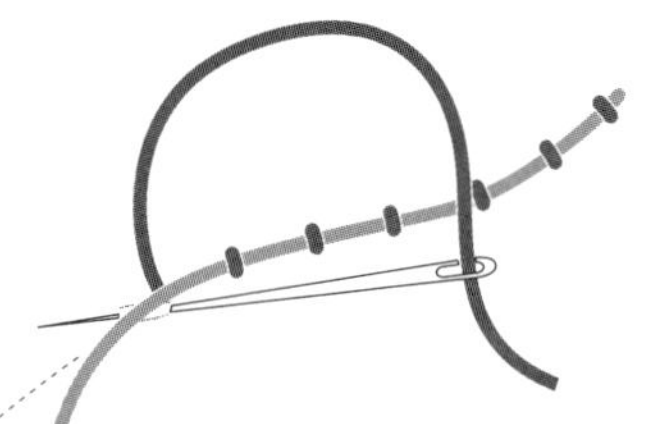

自由な線が描けるので、細かい文字も刺せます。茎は5番糸で力強く。押さえる糸をコンパクトにするときれいに仕上がります。

ストレートステッチ

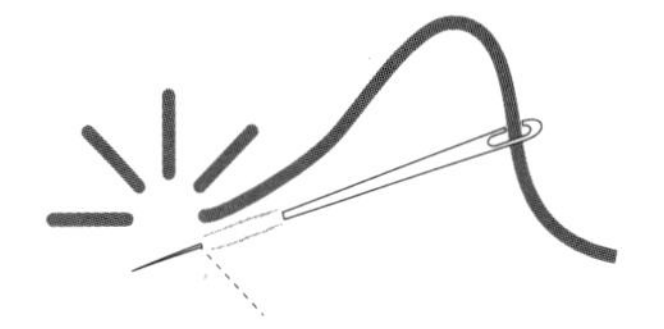

シンプルなステッチですが、使い方で刺しゅうが生きます。細い花びらや植物の細部に使います。

スプリットステッチ

並べて面刺しによく使います。葉などの広い面を刺し埋めても重くなりません。やや長めの針目のほうが平らに仕上がります。

サテンステッチ

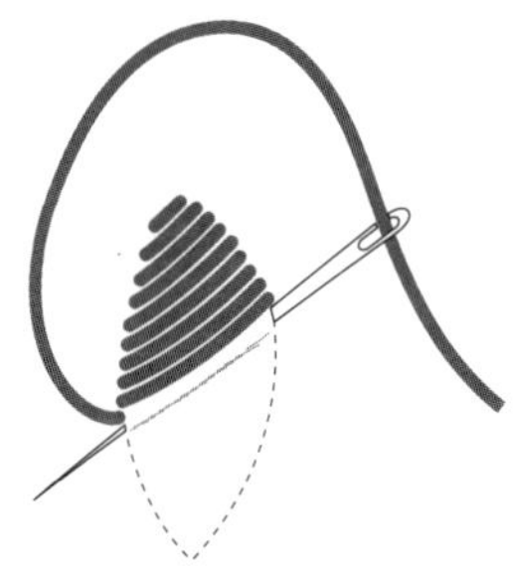

光沢感とフラットさが、花びらにぴったり。葉にも使います。糸の引き具合をそろえるときれいに仕上がります。

芯入りサテンステッチ

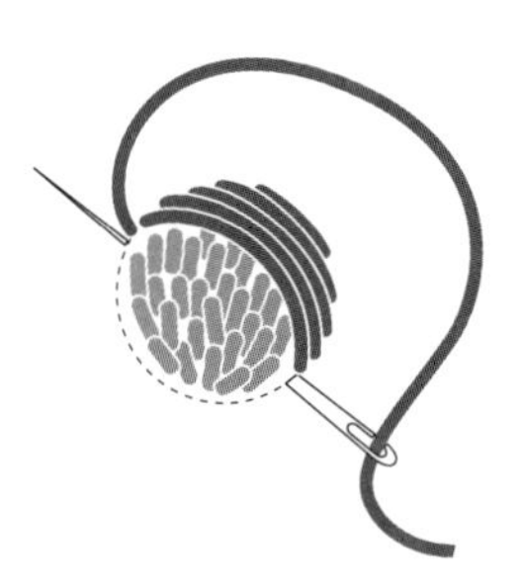

図案の中央が高くなるように、ストレートステッチを重ねて刺してから、それを芯にしてサテンステッチを刺します。

フライステッチ

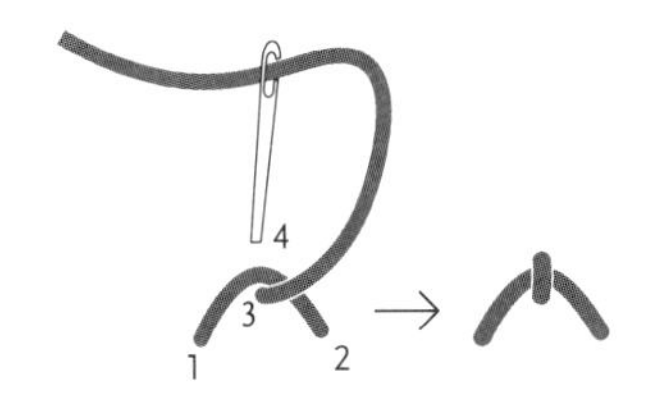

おもにがくとしてつぼみを包むように使います。
止める糸の長さで茎の表現もできます。

リーフステッチ

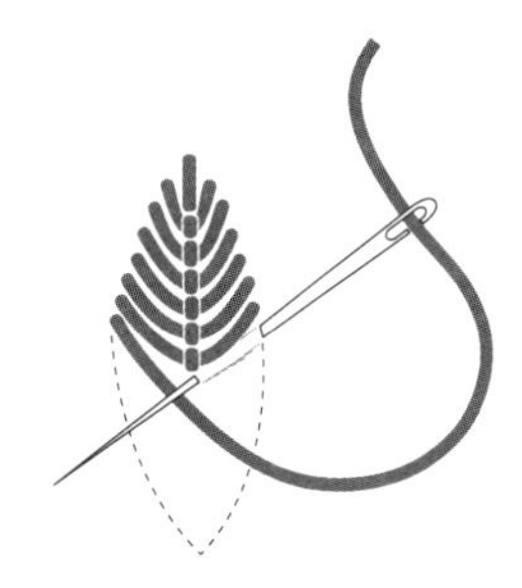

葉脈も同時に刺すことができる便利なステッチ。V字の形を意識して刺し進めて、最後まで葉の形に納めるのがこつ。

フレンチナッツステッチ
(2回巻きの場合)

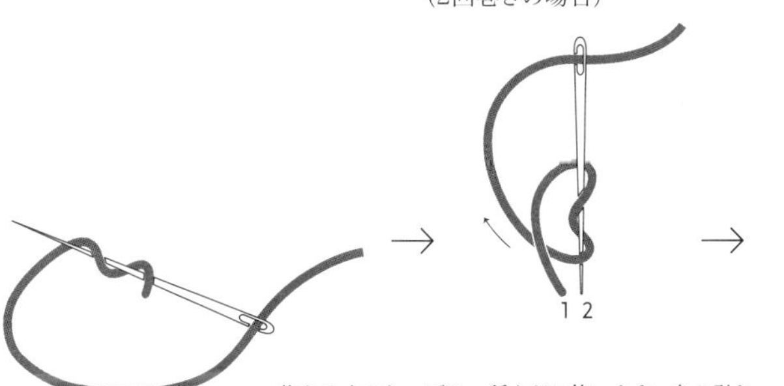

花心や小さなつぼみ、種などに使います。糸の引き方で、固い感じにもふわっとした感じにもなります。
この本では指定がない場合は2回巻きです。

チェーンステッチ

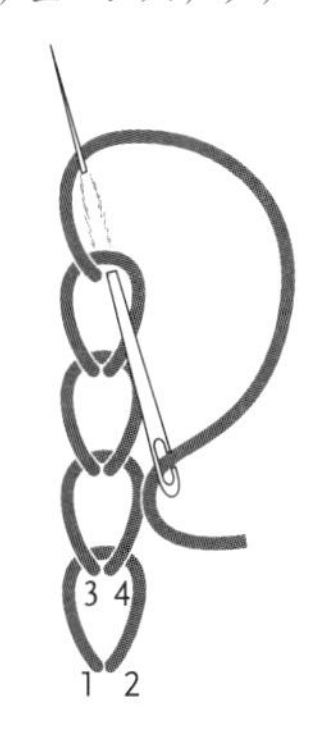

この本では、ウィップドチェーンステッチの下刺しとして使用しています。糸の引き具合を強めにしてチェーンを細くすると、ボリュームのある線刺しに使えます。

ウィップドチェーンステッチ

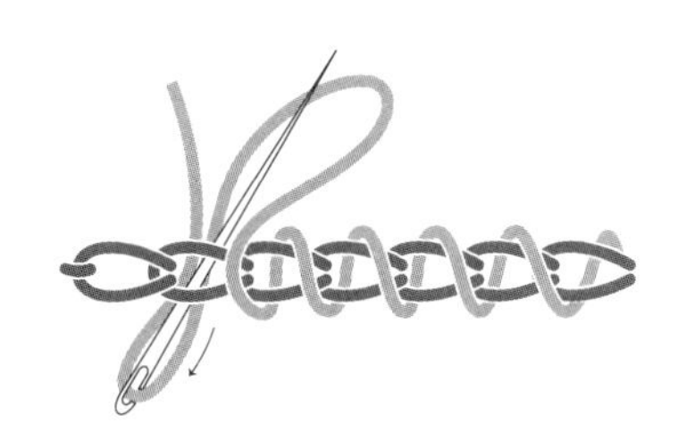

チェーンステッチをしたあと、針の頭でチェーンステッチの糸だけをすくうようにして別の糸を巻きつけます。

ロングアンドショートステッチ

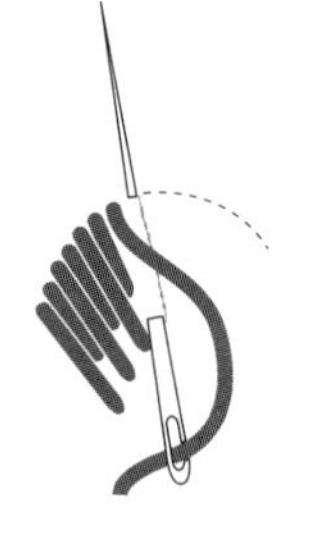

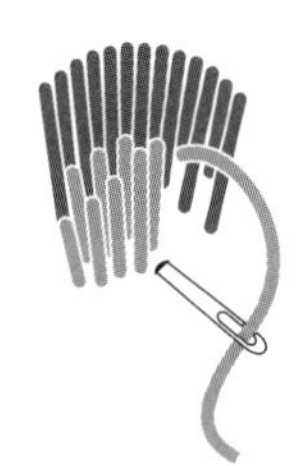

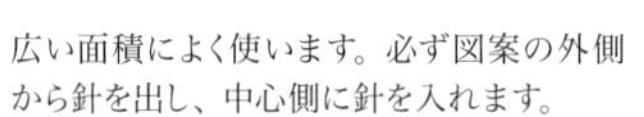

広い面積によく使います。必ず図案の外側から針を出し、中心側に針を入れます。

2段目を刺すときは、1段目の糸の間から針を出して、すきまがあかないように刺します。

レゼーデージーステッチ

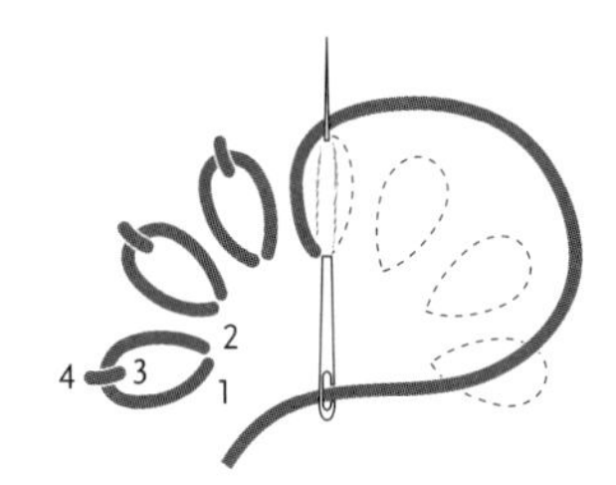

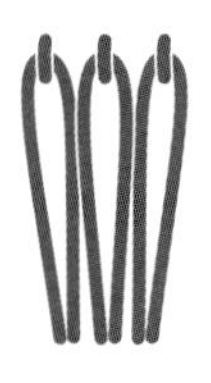

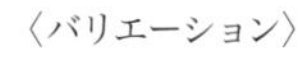

〈バリエーション〉

小さな花びらやがくに使います。中の空間を埋めるためにストレートステッチやサテンステッチと組み合わせることもあります。細長く刺したり、糸の引き具合で形の調整ができます。

ブランケットステッチ

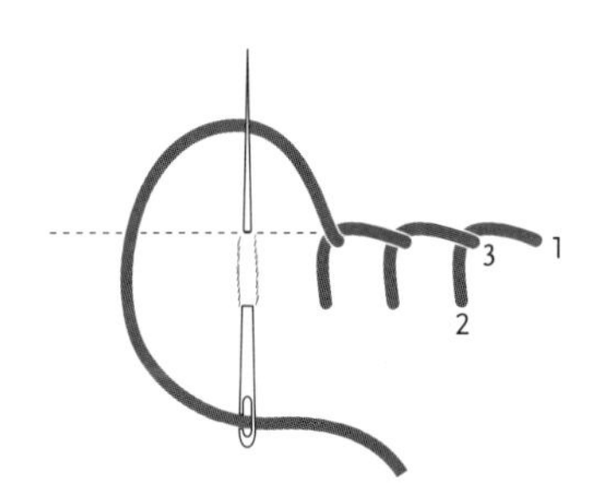

アップリケや縁かがりに多く使われるステッチです。図案に合わせて、間隔や足の長さを変えて刺します。ボタンホールステッチとも呼ばれています。

〈バリエーション〉

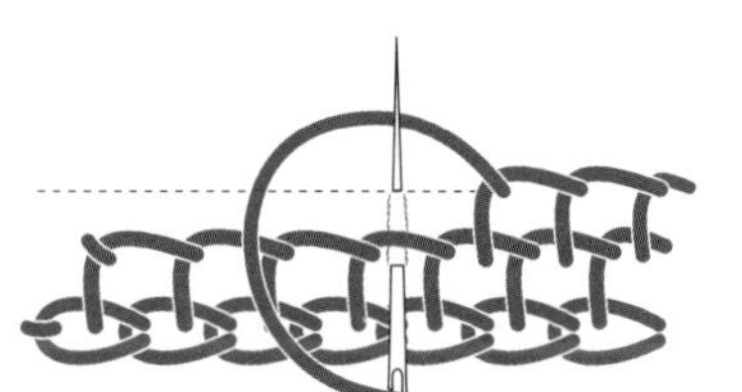

チェーンステッチを1列刺し、そのチェーンの中に針を入れて布をすくい、ブランケットステッチをします。次の段からは、半分ずらして刺していきます。

ブリオンステッチ-A

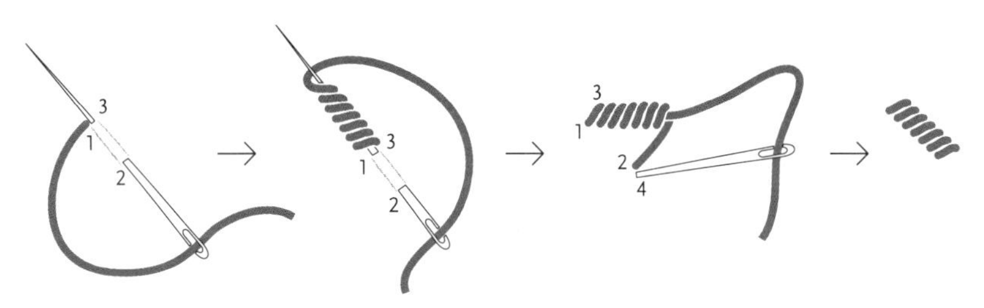

棒状に仕上げるタイプ。2、3で布をすくう分より
少し長めになるように、針に糸を巻くと直線に、
さらに多く巻くとカーブした仕上りになります。

ブリオンステッチ-B

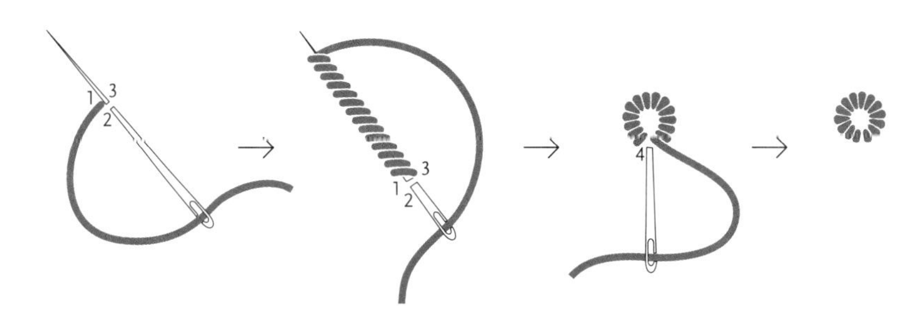

円形に仕上げるタイプ。2、3で布をすくう分を少なくして、
針に糸を巻く回数を多くすると丸くなります。さらに糸を
巻く回数を多くすると、しずく形になります。

スパイダーウェブステッチ
(5本足の場合)

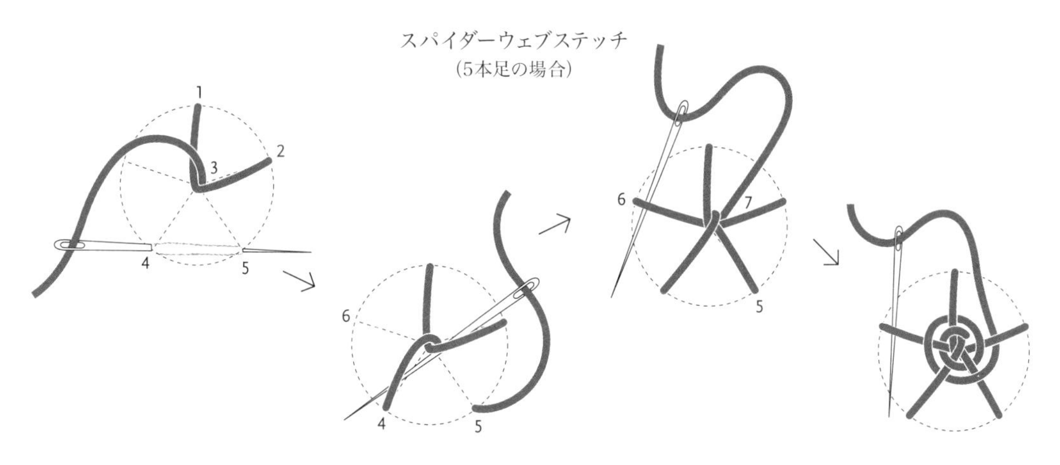

円形の中に糸を渡して5本の足を作り、中心に糸を出してぐるぐる巻いていきます。

KITCHEN GARDEN PLANNING

646　2本どり
直線＝ストレートS
長い曲線＝コーチングS
短い曲線＝アウトラインS

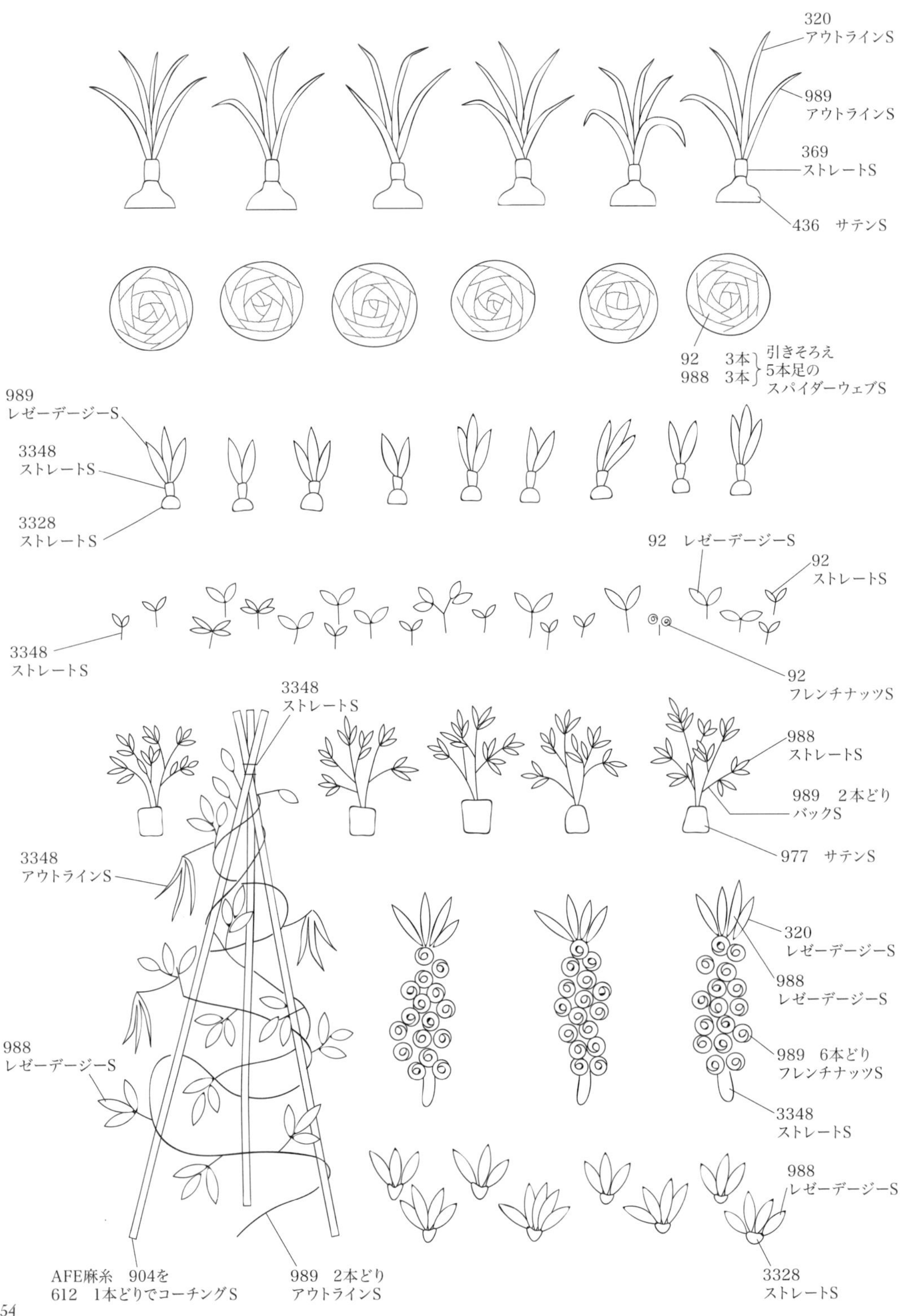

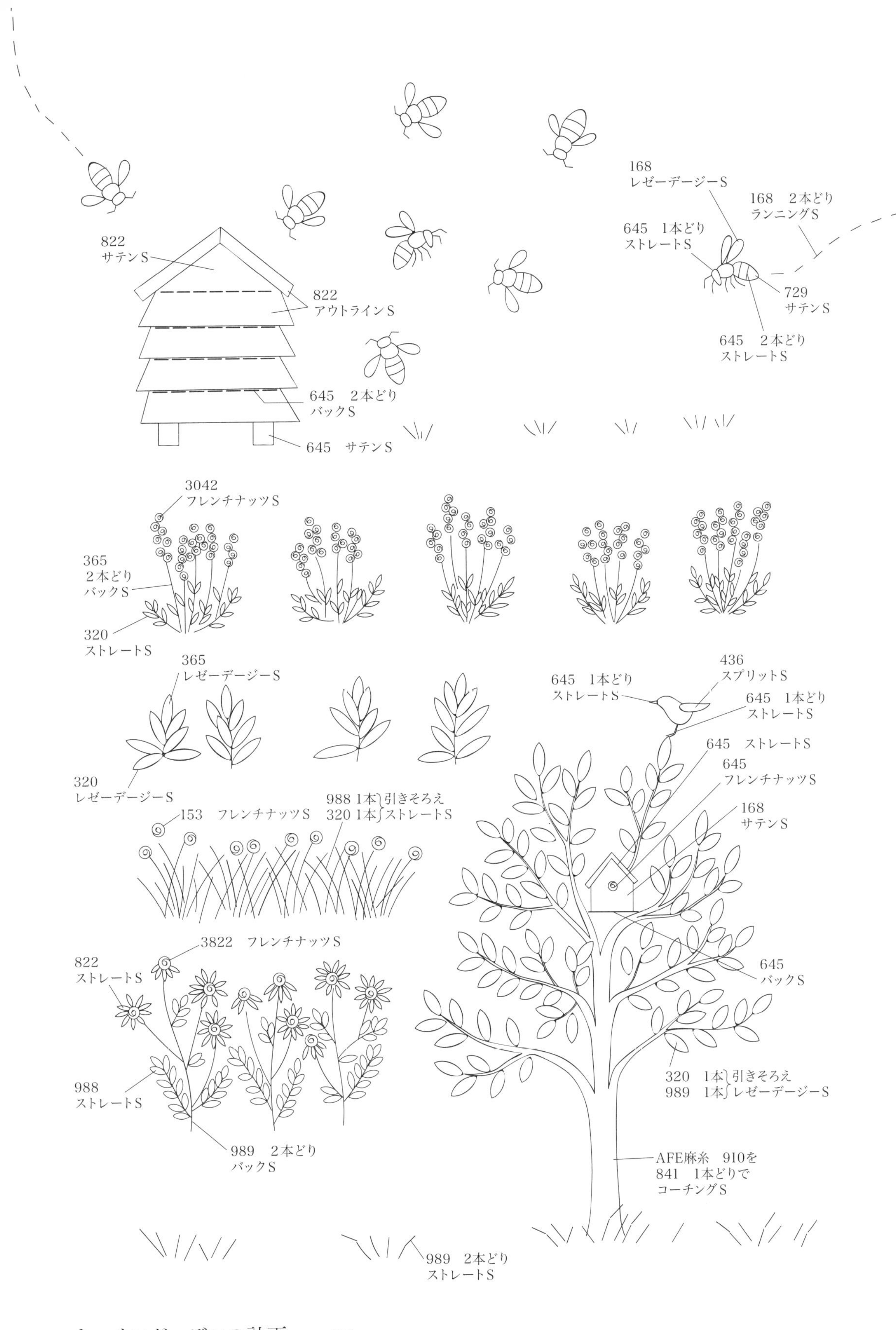

キッチンガーデンの計画 page 6-7

[材 料] DMC刺しゅう糸25番=612, 841, 369, 3348, 989, 988, 320, 3822, 729, 436, 977, 3328, 365, 153, 3042, 822, 168, 646, 645, 92 (段染め)　AFE麻刺しゅう糸=904, 910

分類：ナス科トマト属 / 学名：*Lycopersicon esculentum* 原産地：中南米	サイズだけではなく、カラフルな色が増えて選択肢が広がりました。 甘みや酸味、固さから自分好みの品種がきっと見つかります。

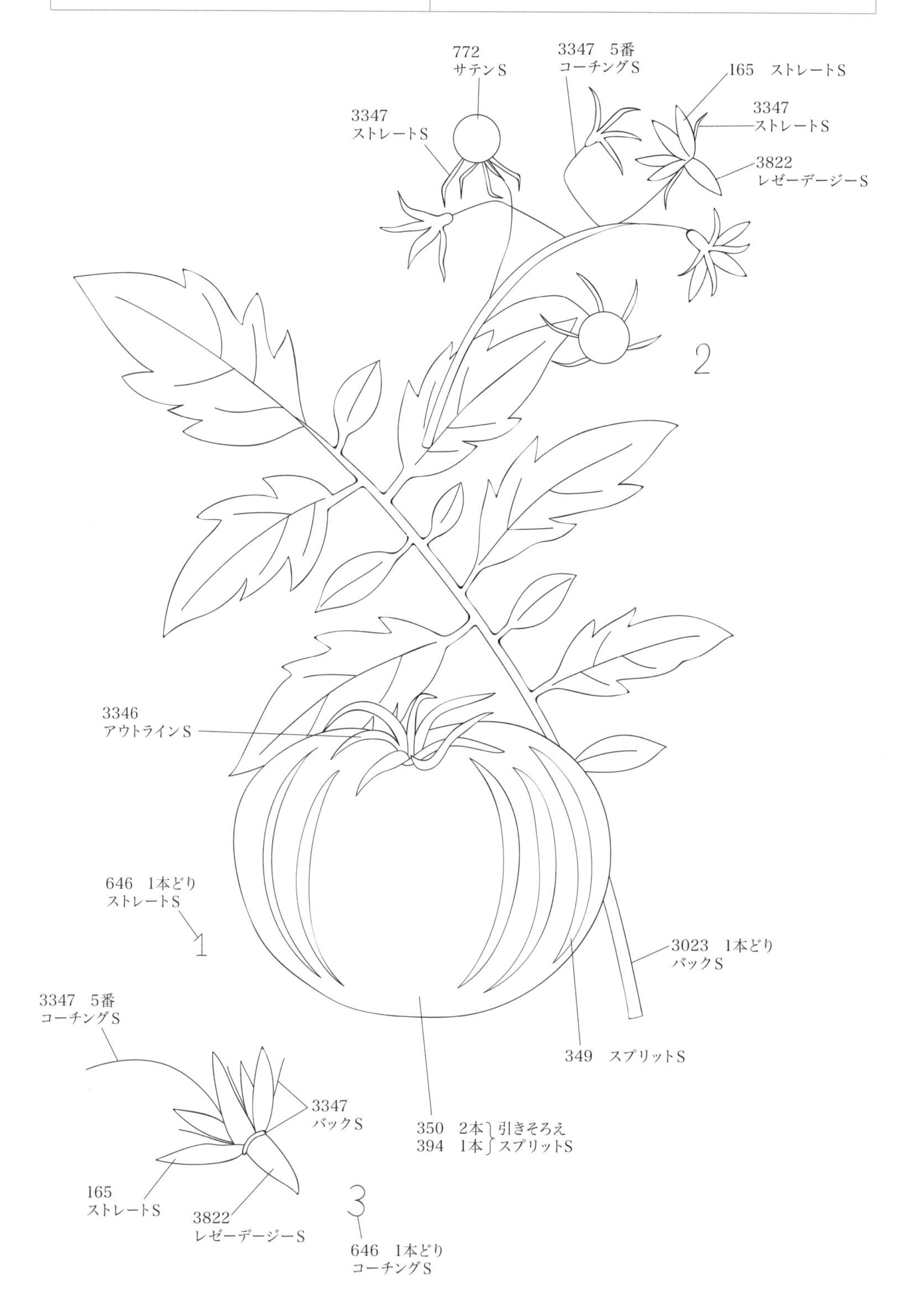

トマト page 8

［材 料］DMC刺しゅう糸25番=3347, 3346, 772, 165, 3822, 350, 349, 3023, 646 5番=3347

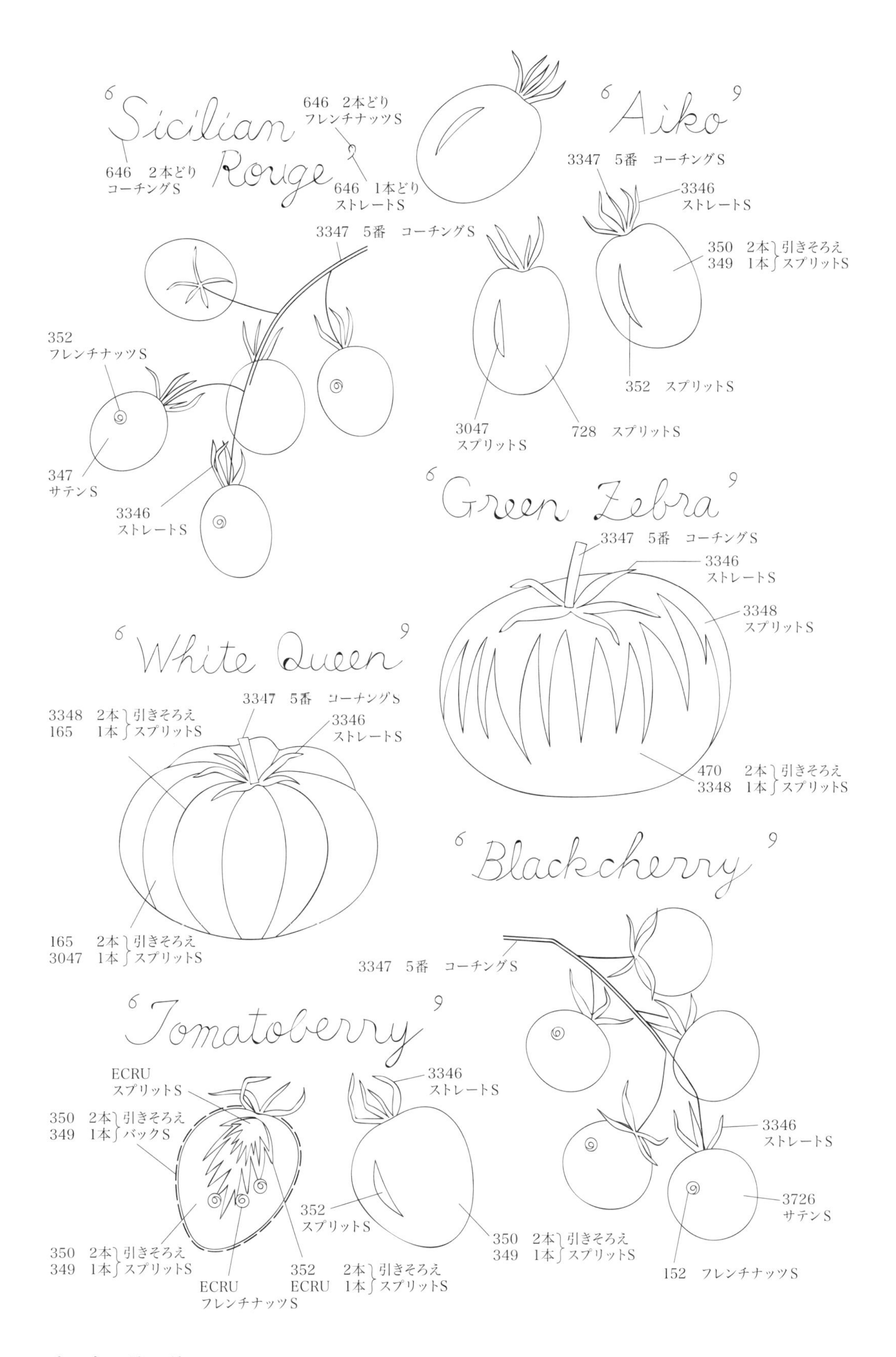

トマトいろいろ page 9

[材 料] DMC刺しゅう糸25番=3347, 3346, 3348, 165, 3047, 728, 350, 349, 347, 352, 3726, ECRU, 646, 470, 152
5番=3347

分類：マメ科エンドウ属 / 学名：*Pisum sativum* 原産地：中央アジアから中近東地域	取れ立ての絹さやを食べるために、庭のつるバラの隣に植えることもあります。 土の栄養も日当りもいい場所は限られているので。

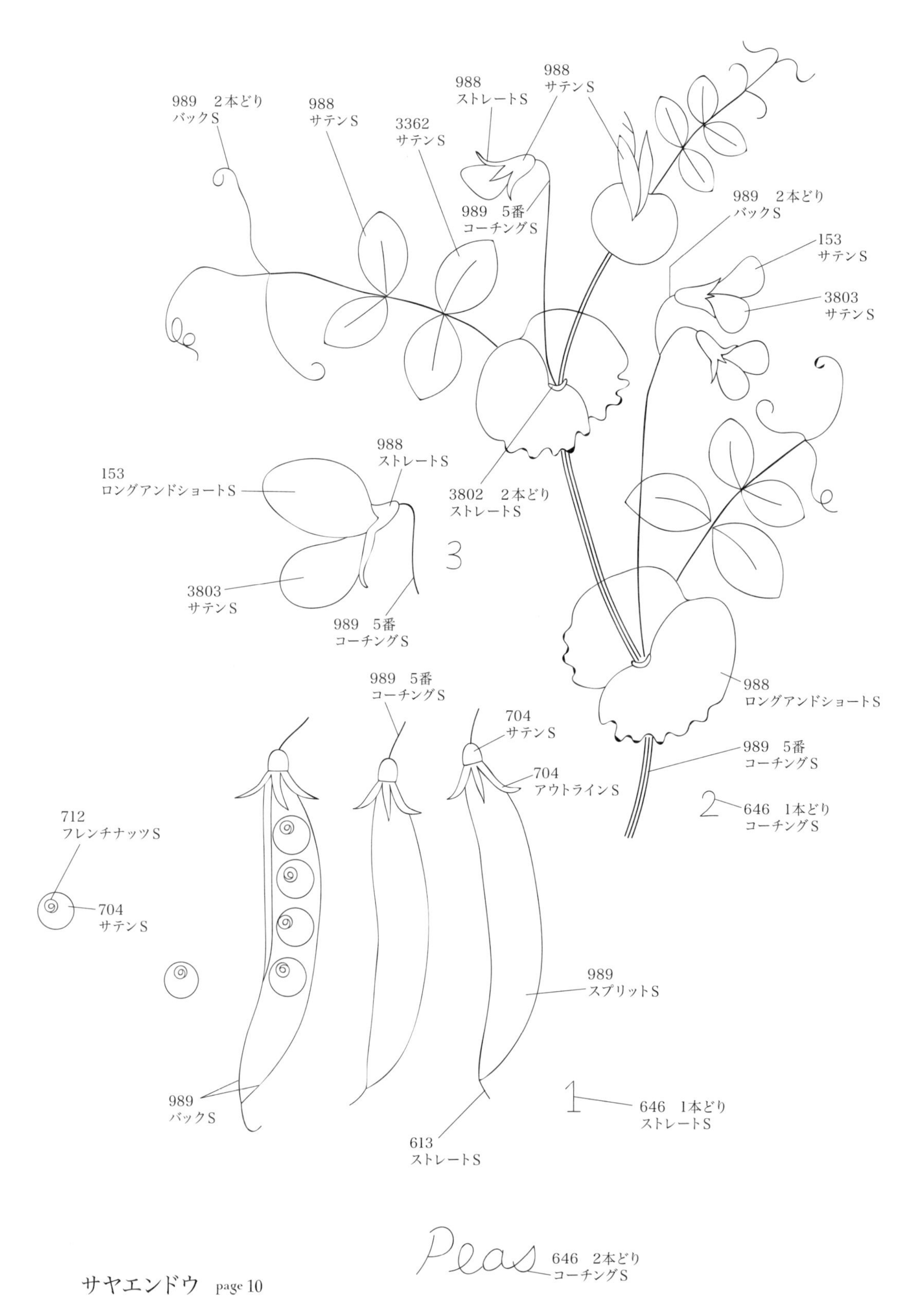

サヤエンドウ　page 10

[材 料] DMC刺しゅう糸25番＝989, 988, 3362, 704, 153, 3802, 3803, 712, 613, 646　5番＝989

分類：マメ科インゲンマメ属 / 学名：*Phaseolus vulgaris*
原産地：メキシコ南部、中央アメリカ

マメ科の野菜は育てるのが楽しい。大きな双葉の後、つるを巻きつけながら成長し、きれいな色の花を咲かせ、しかもおいしい実をつけるから。

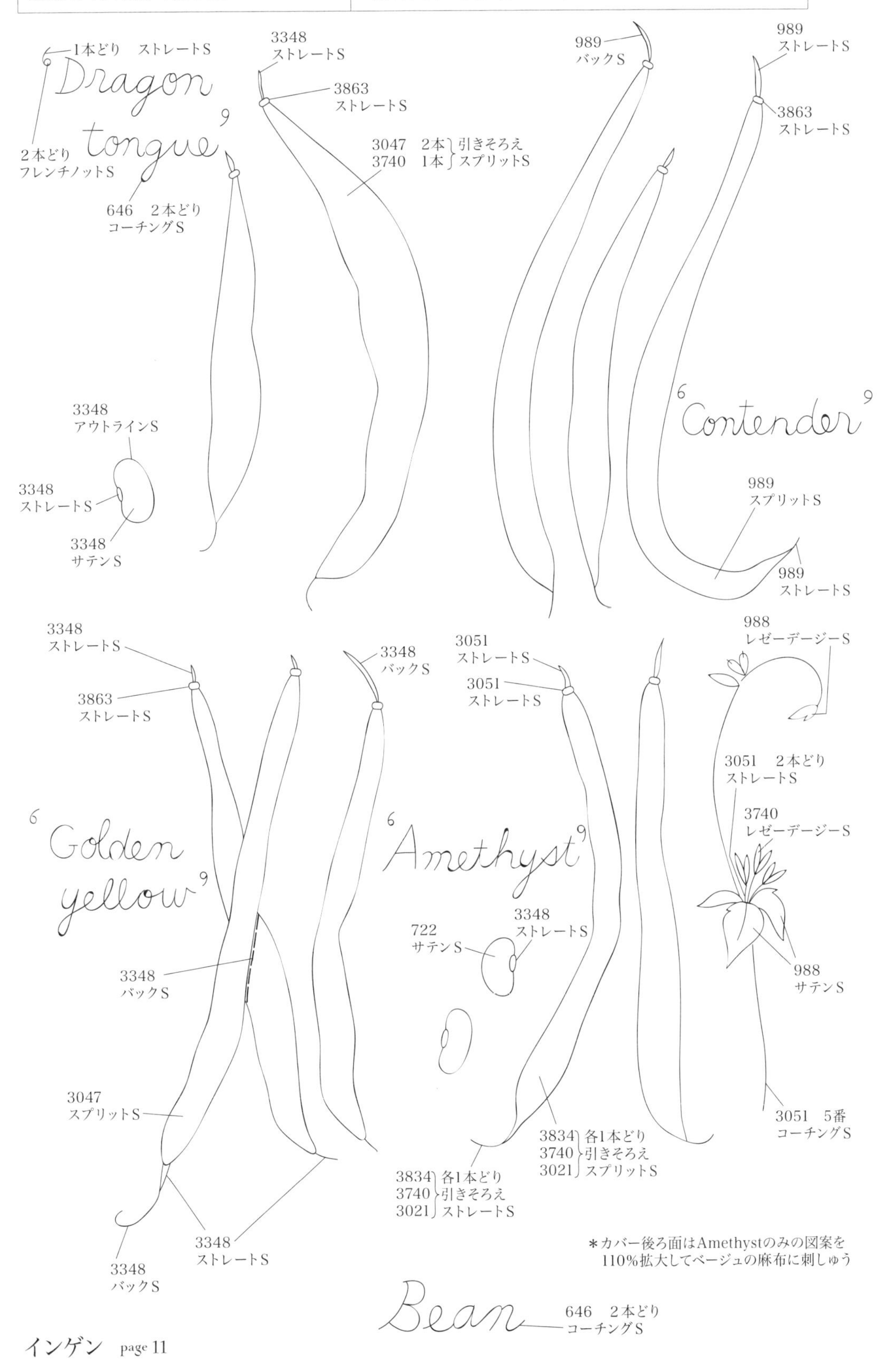

インゲン　page 11

[材 料] DMC刺しゅう糸25番=3051, 989, 988, 3348, 722, 3047, 3863, 3834, 3740, 3021, 646　5番=3051

分類：アブラナ科ダイコン属 / 学名：*Raphanus sativus var. sativus* 原産地：地中海地方	「二十日大根」とも呼ばれる、サラダに彩りを加える小さな大根。 赤から赤紫にかけての微妙な色合いもきれい。

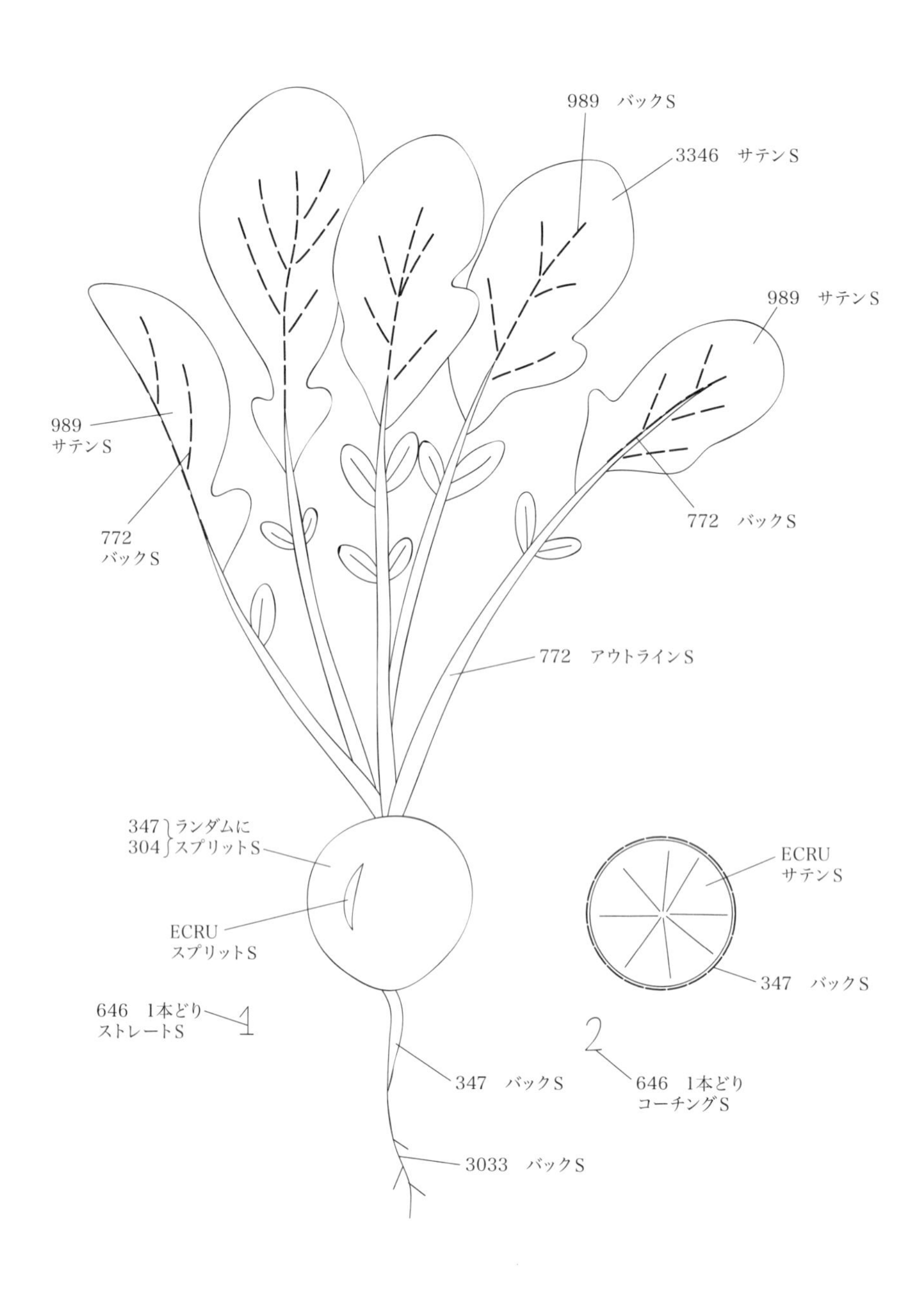

646　2本どり
コーチングS

Radish

ラディッシュ　page 12

［材 料］DMC刺しゅう糸25番＝772, 989, 3346, 347, 304, ECRU, 3033, 646

分類：セリ科ニンジン属 / 学名：*Daucus carota* 原産地：アフガニスタン	カロテンが多く含まれるおなじみのオレンジ色の根菜ですが、 黄色や紫のにんじんもあり、紫ニンジンの芯はオレンジ色です。

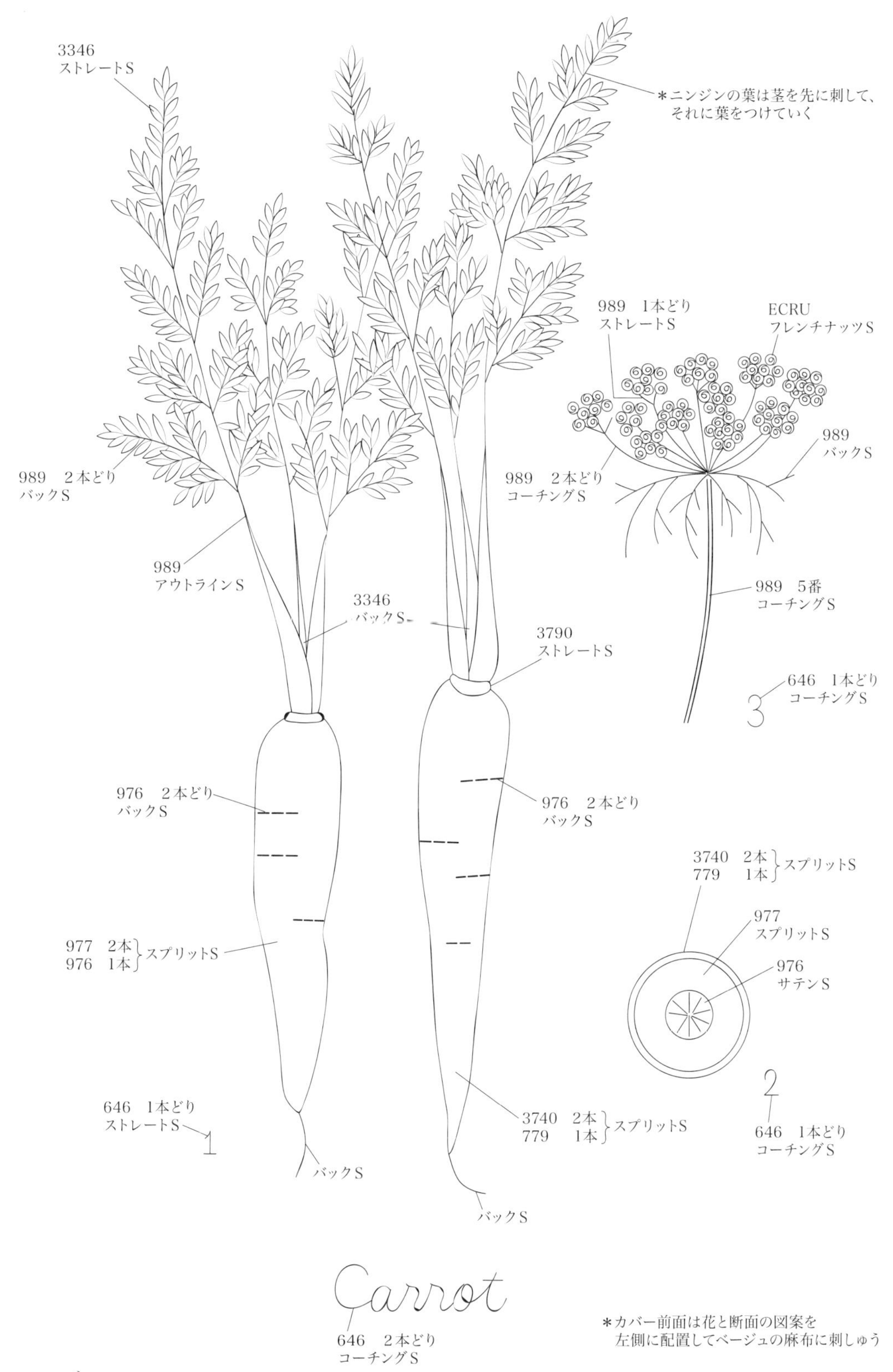

＊カバー前面は花と断面の図案を
左側に配置してベージュの麻布に刺しゅう

ニンジン　page 13

[材 料] DMC刺しゅう糸25番＝989, 3346, 977, 976, 3740, 779, 3790, ECRU, 646　5番＝989

分類：クスノキ科ゲッケイジュ属 / 学名：*Laurus nobilis* 原産地：地中海沿岸	庭に1本あると何かと便利な月桂樹。煮込み料理の風味づけはもちろん、リースを作るときにも活躍します。雌雄そろうと実もなるそうです。

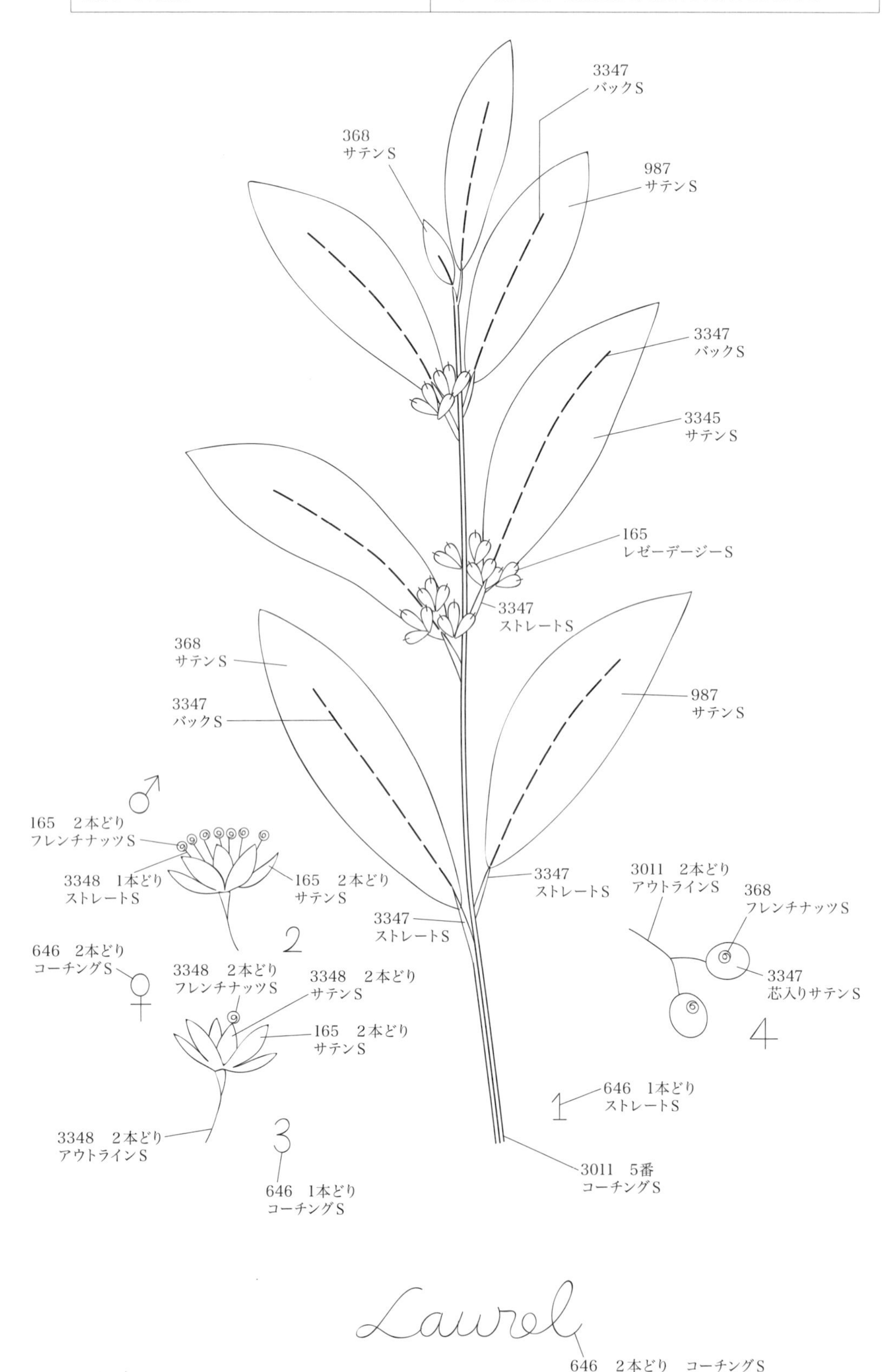

ローレル page 14

［材 料］DMC刺しゅう糸25番=3011, 368, 987, 3345, 3347, 3348, 165, 646　5番=3011

分類：セリ科イノンド属 / 学名：*Anethum graveolens* 原産地：地中海沿岸、西アジア	お魚料理と相性のいいハーブ。スウェーデンでは、夏にじゃがいもをゆでるときにディルを入れます。

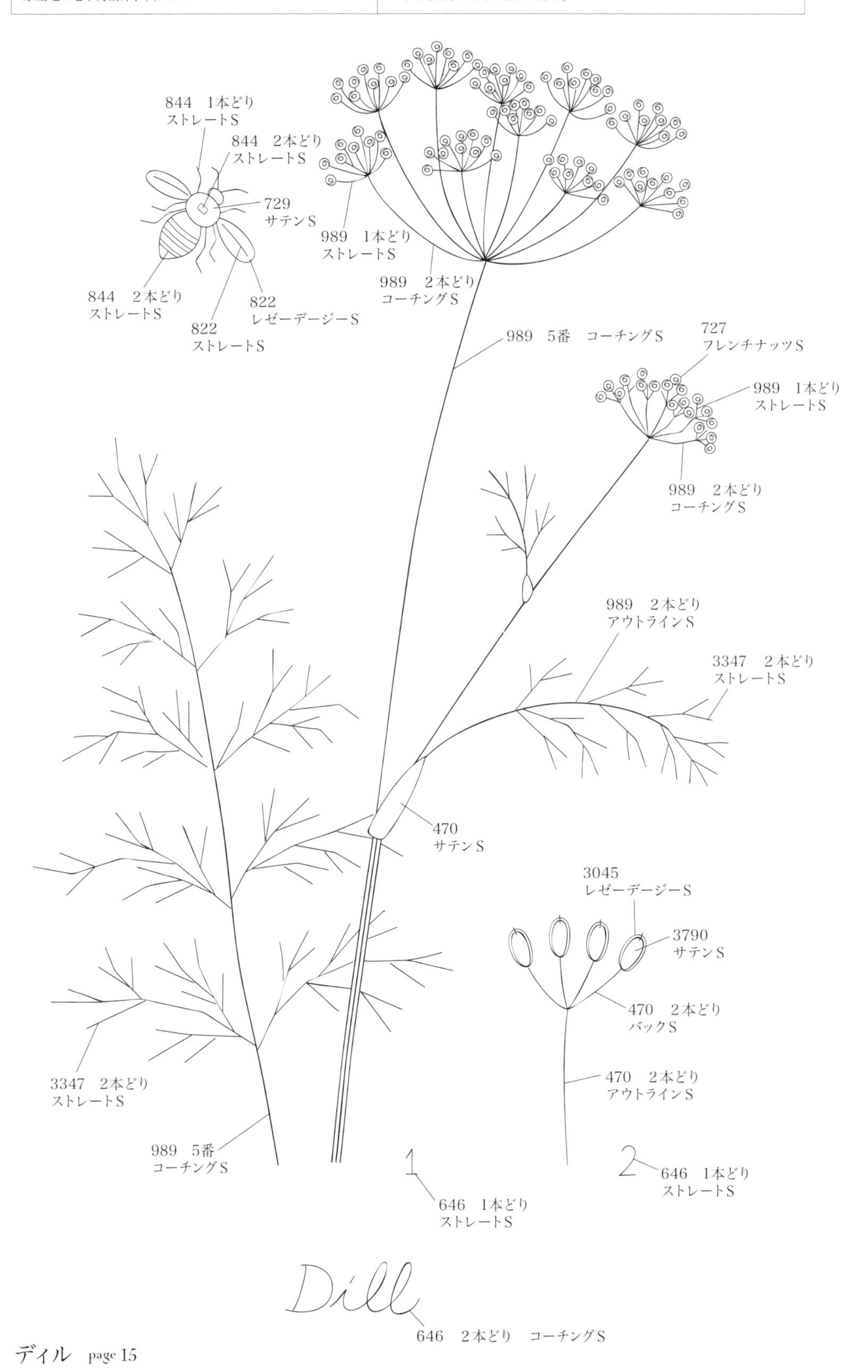

ディル　page 15

[材 料] DMC刺しゅう糸25番＝989, 3347, 470, 727, 3045, 3790, 646, 729, 822, 844　5番＝989

分類：ノウゼンハレン科ノウゼンハレン属 / 学名：*Tropaeolum majus* 原産地：中南米	キッチンガーデンの彩りとサラダ用によく植えられています。 葉も花も個性的な色と形で、アクセントにぴったり。

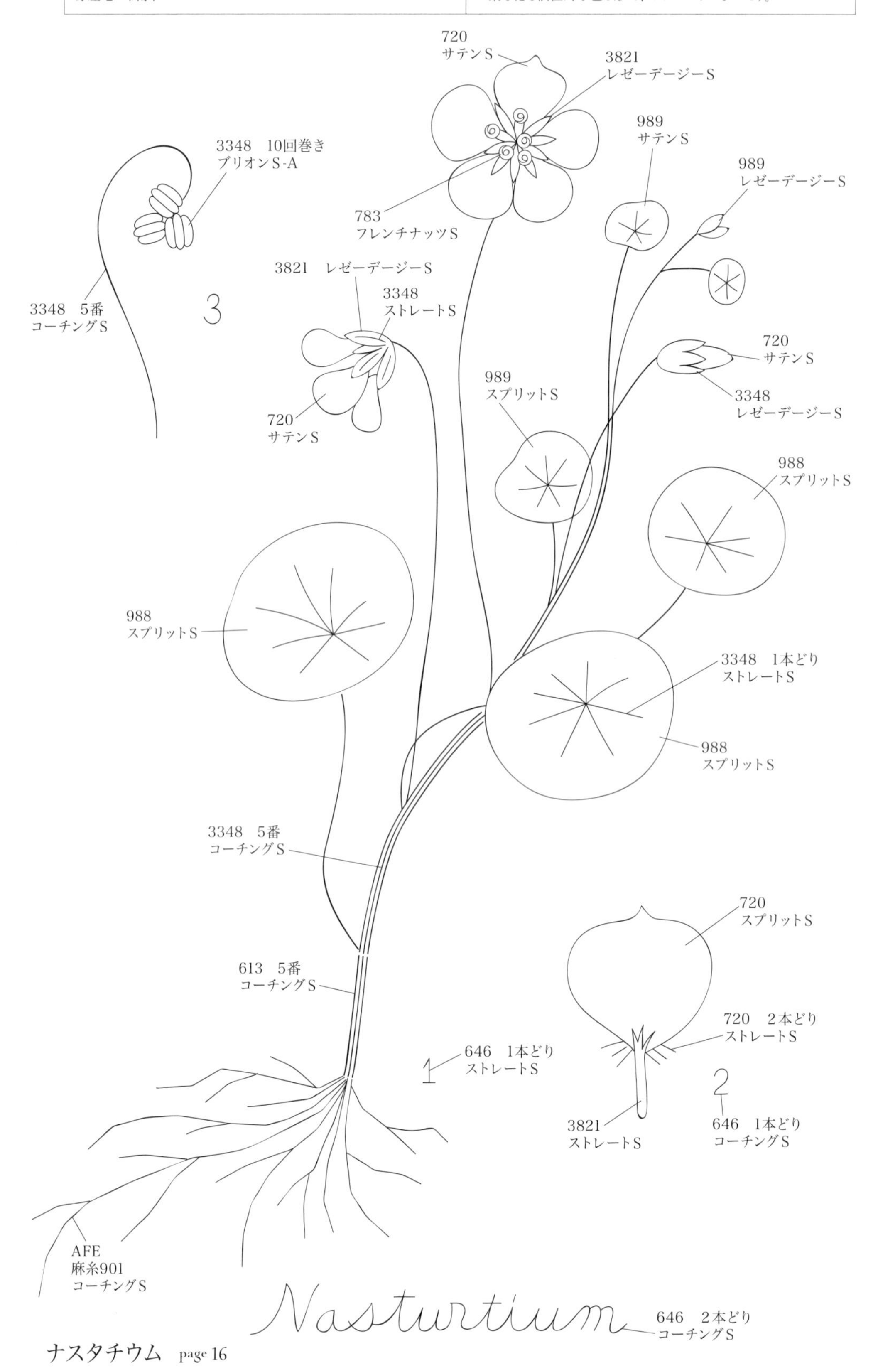

ナスタチウム　page 16

［材 料］DMC刺しゅう糸25番＝3348, 989, 988, 3821, 783, 720, 613, 646　5番＝3348, 613　AFE麻刺しゅう糸＝901

分類：シソ科マンネンロウ属 / 学名：*Rosmarinus officinalis* 原産地：地中海沿岸	料理の香りづけはもちろんのこと、通りがかりにそっと触って香りを楽しむために、やはり庭に必要なハーブです。

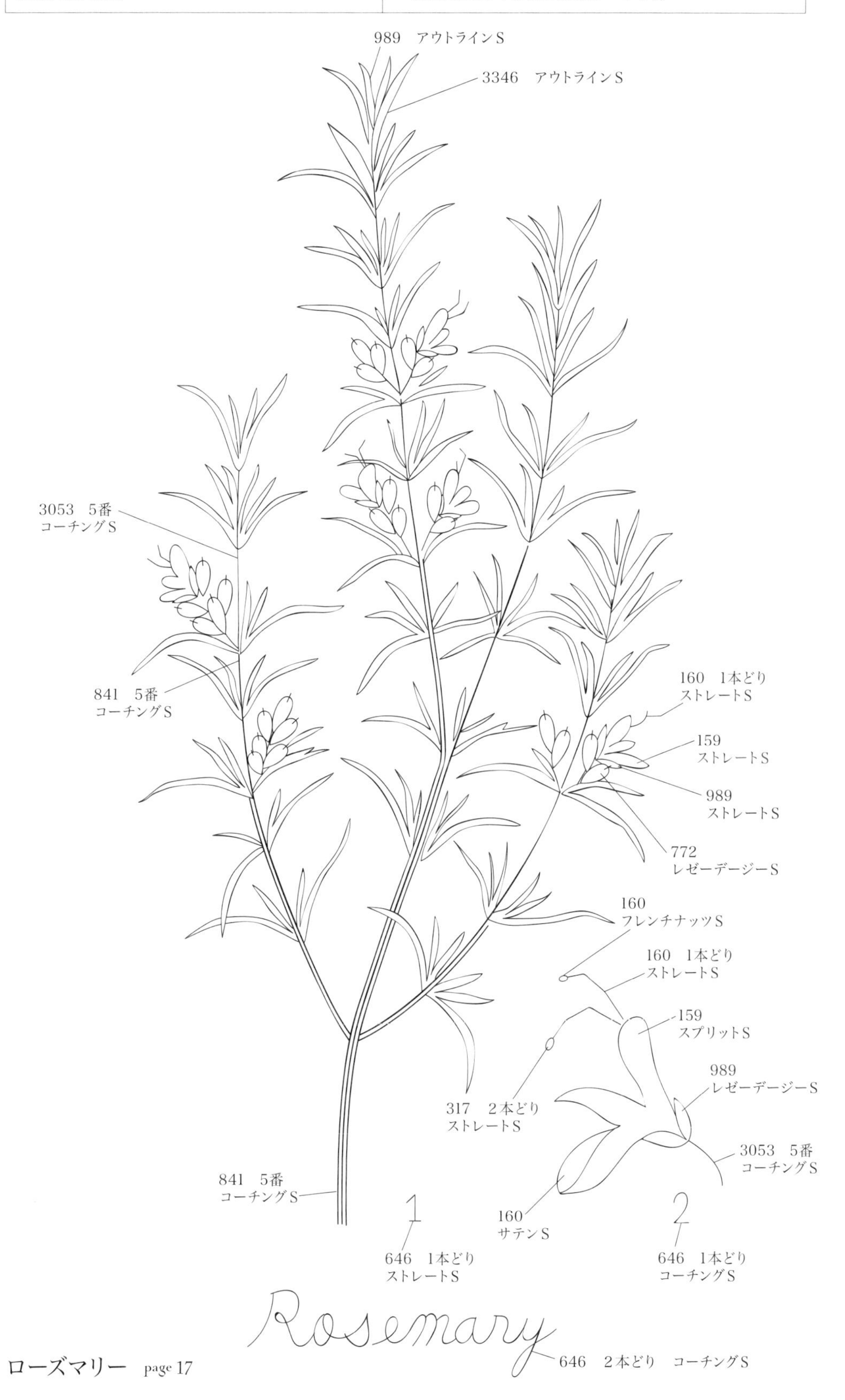

ローズマリー page 17

[材 料] DMC刺しゅう糸25番＝3053, 989, 3346, 772, 159, 160, 317, 646　5番＝3053, 841

分類：ウリ科カボチャ属 / 学名：*Cucurbita pepo* 原産地：アメリカ南部、メキシコ北部	ペポカボチャとも呼ばれます。長細形と丸形があり、 オリーブオイルとの相性がよく、炒めるとカロテンの吸収率が高まります。

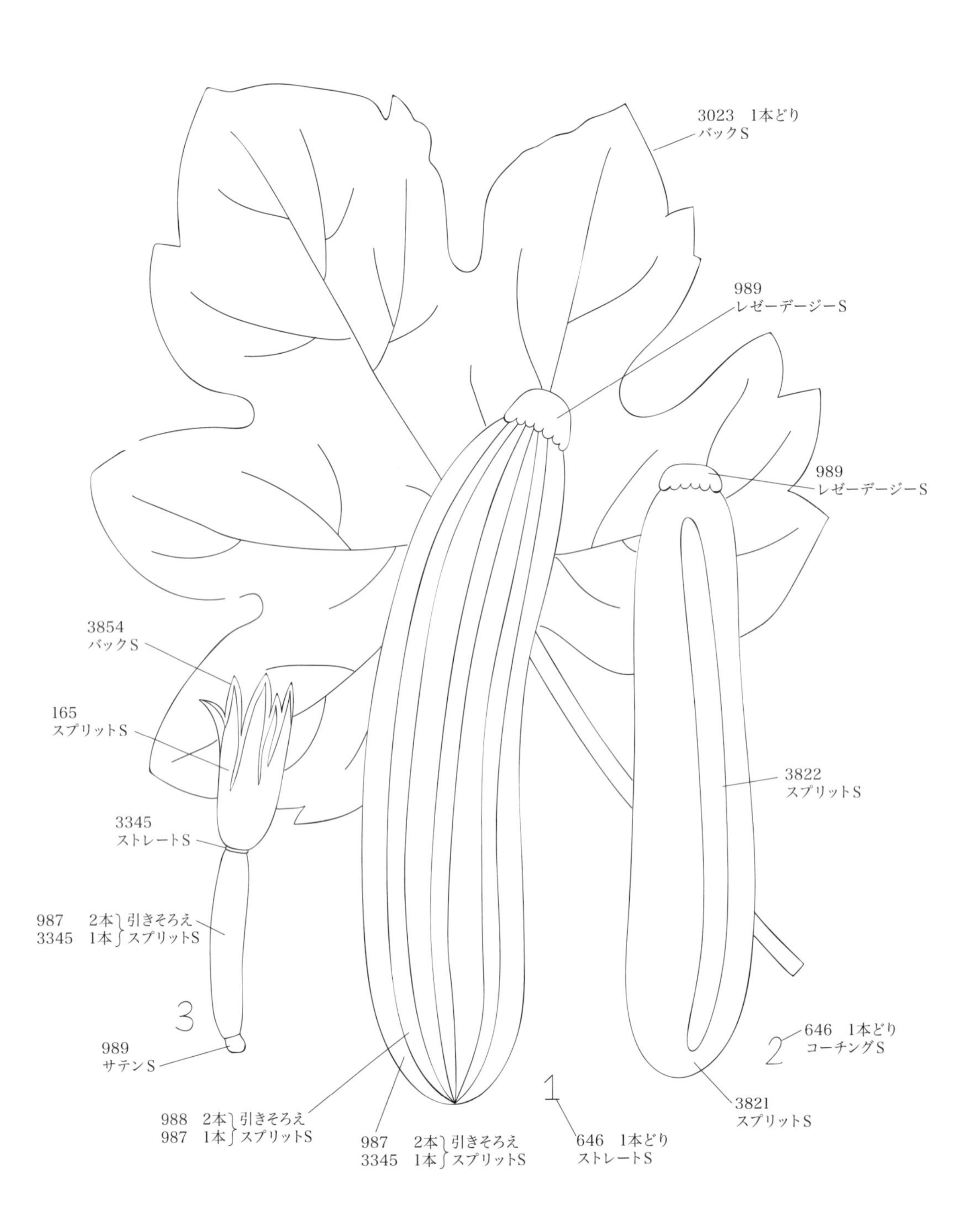

ズッキーニ　page 18

[材 料] DMC刺しゅう糸25番＝989, 988, 987, 3345, 165, 3822, 3821, 3854, 3023, 646

分類：アオイ科トロロアオイ属 / 学名：*Abelmoschus esculentus* 原産地：アフリカ北東部	野菜の花は地味なタイプが多い中で、オクラの花は大きく華やかです。

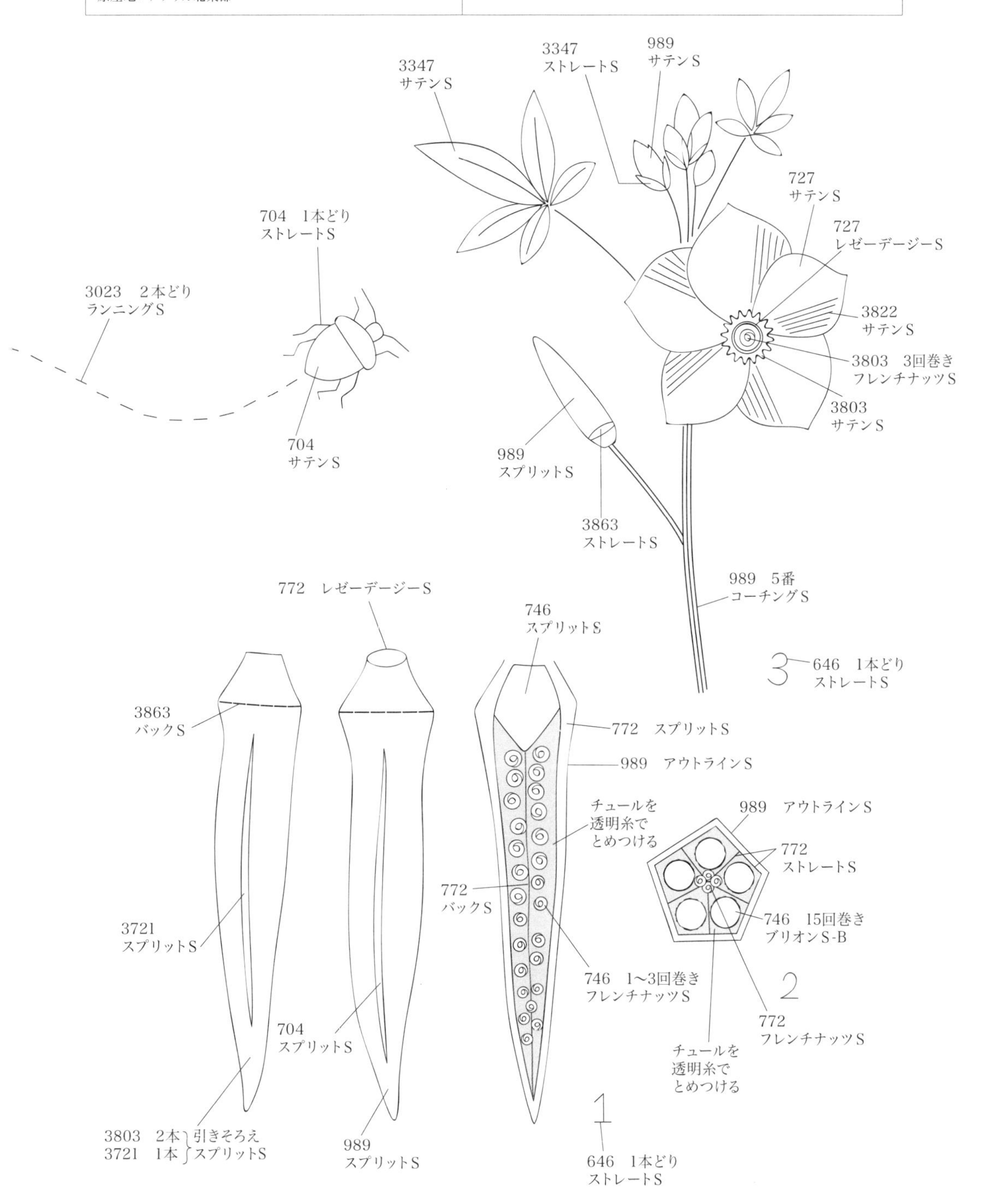

Okra

646　2本どり　コーチングS

オクラ　page 19

[材 料] DMC刺しゅう糸25番＝989, 3347, 704, 772, 746, 727, 3822, 3863, 3721, 3803, 3023, 646　5番＝989
別布＝細かい目のチュールレース(モスグリーン)少々

分類：アブラナ科キバナスズシロ属 / 学名：*Eruca vesicaria* 原産地：地中海沿岸	ルッコラとも呼ばれる、ごまの香りのするピリッとした辛みのある葉物。 秋から冬にかけて育てると、茎が赤くなります。

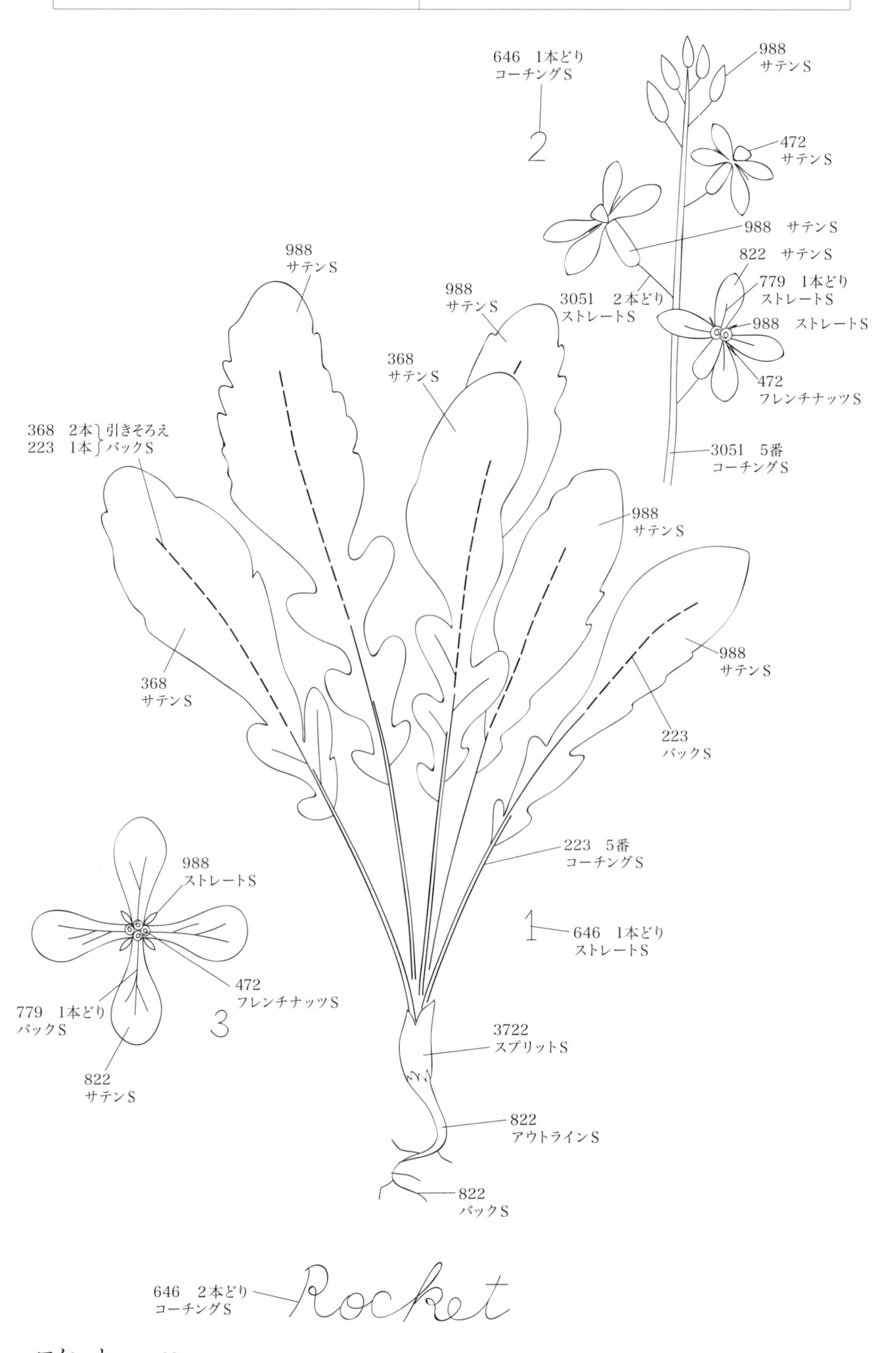

ロケット page 20

[材 料] DMC刺しゅう糸25番=3051, 368, 988, 472, 822, 646, 223, 3722, 779　5番=3051, 223

分類：ユリ科クサスギカズラ属 / 学名：*Asparagus* 原産地：南ヨーロッパからロシア南部	初めて育てたアスパラガスは、期待に反して鉛筆の半分くらいの太さ。 指ほどの太さにするには、いい土と肥料そして十分な日当りが必要と実感しました。

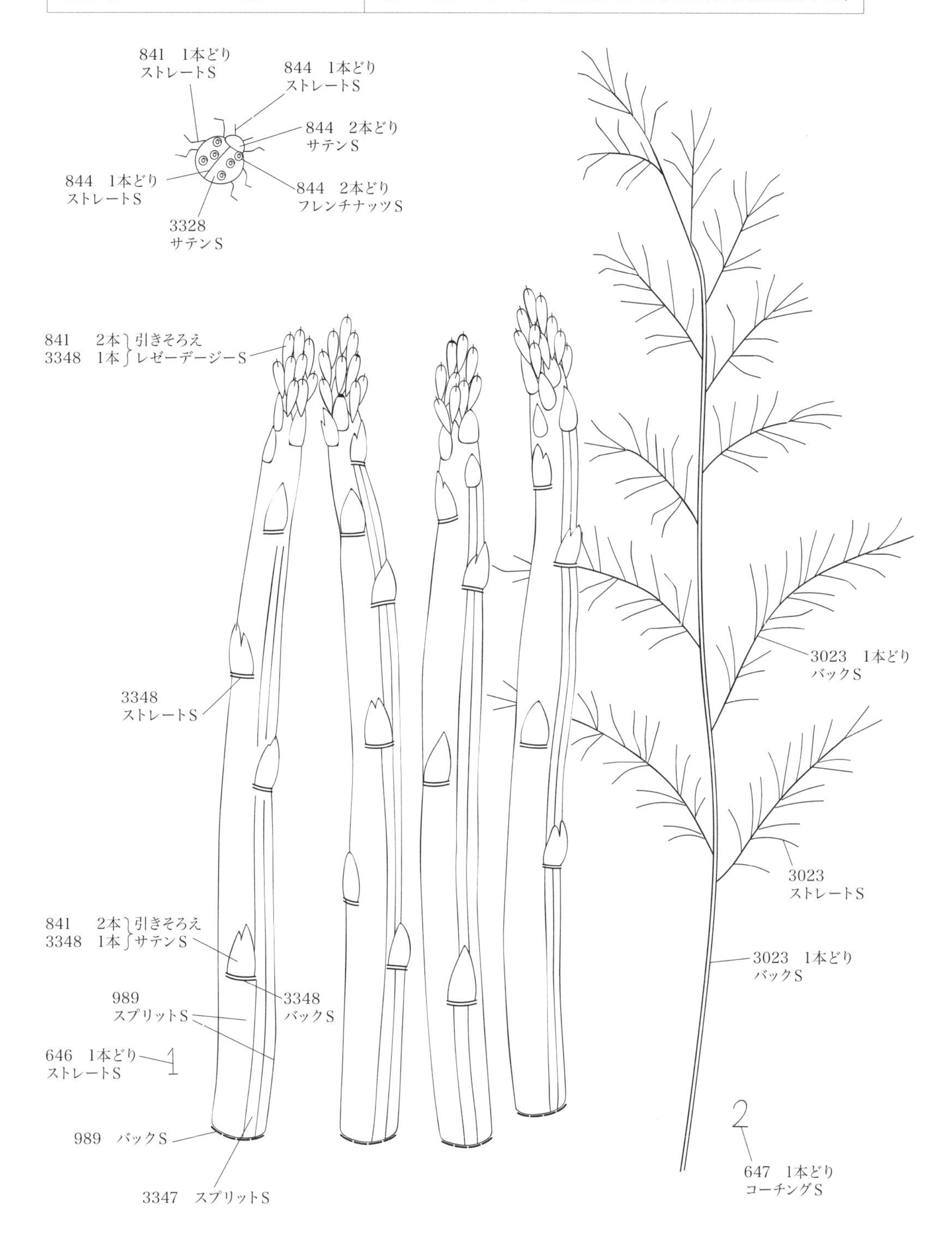

アスパラガス page 21

[材 料] DMC刺しゅう糸25番＝989, 3347, 3348, 3328, 3023, 647, 844, 841

MESCLUN

646　2本どり
直線＝ストレートS
長い曲線＝コーチングS
短い曲線＝アウトラインS

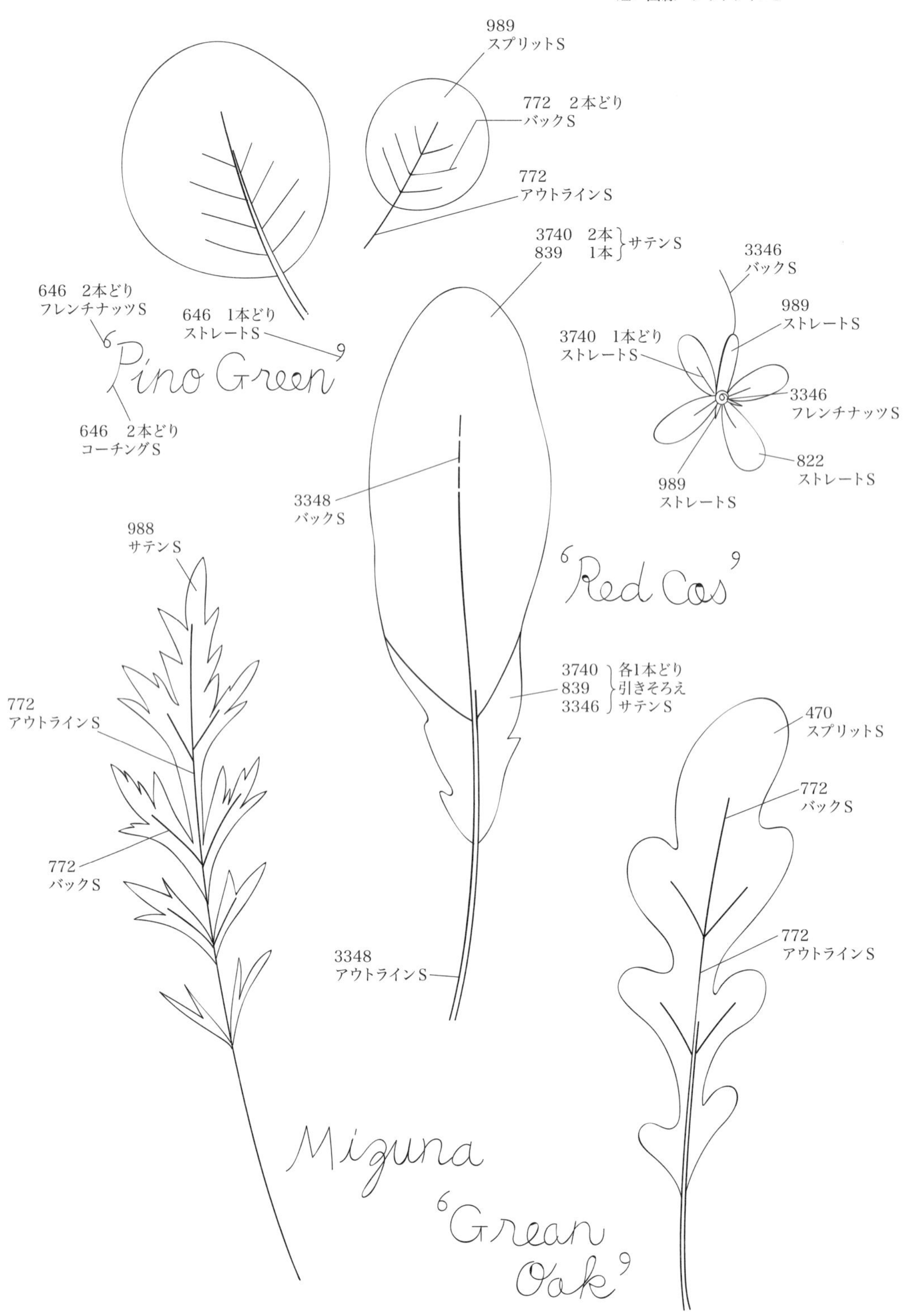

彩りや味の違う若い葉もの(ベビーリーフ)を混ぜて、サラダなどの料理に使います。
ミックスされた種も用途に合わせて手に入れることができ、コンテナでも手軽に育てられます。

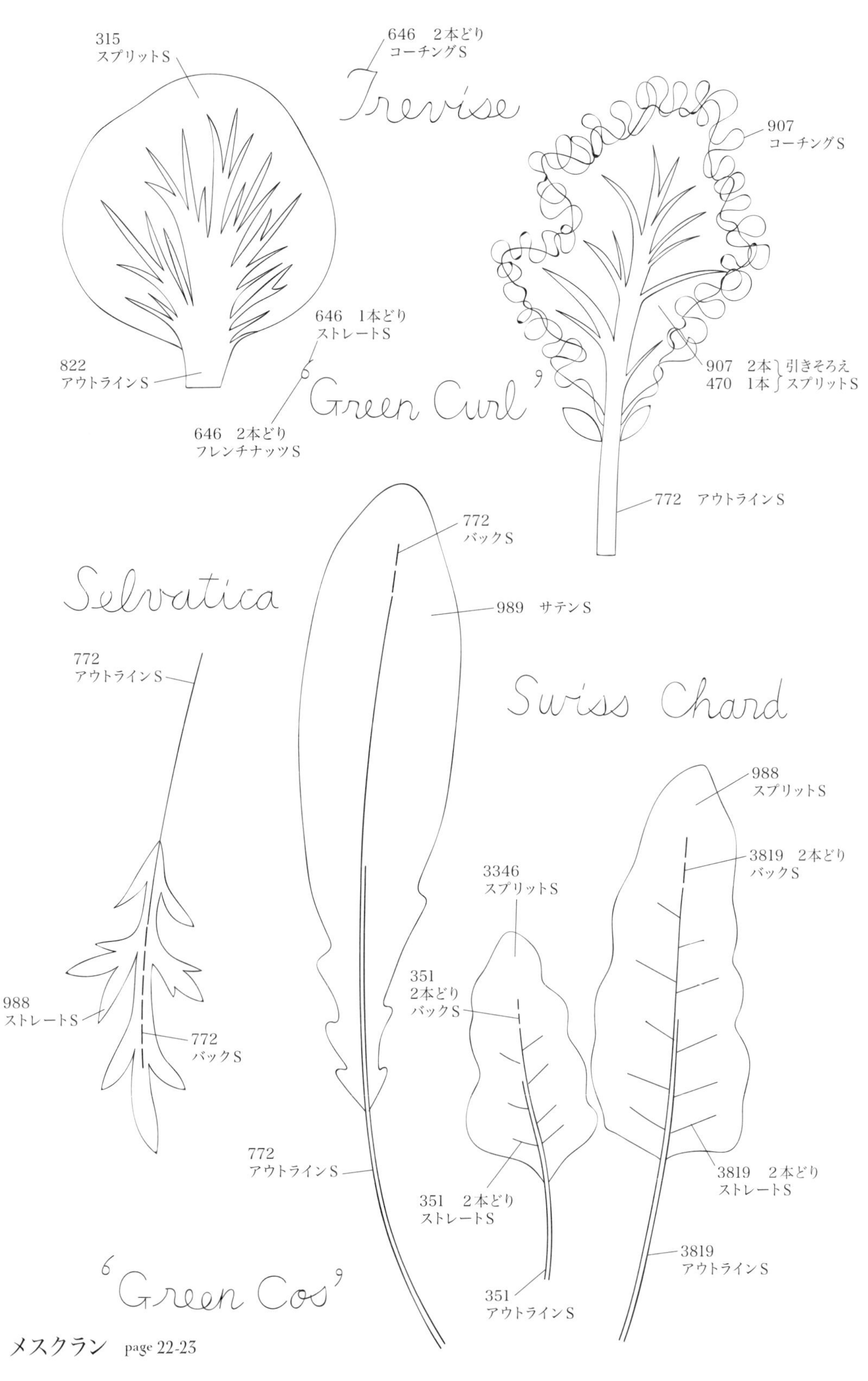

メスクラン page 22-23

[材 料] DMC刺しゅう糸25番=772, 907, 470, 989, 988, 3346, 3348, 3819, 351, 315, 3740, 839, 822, 646

EDIBLE FLOWER

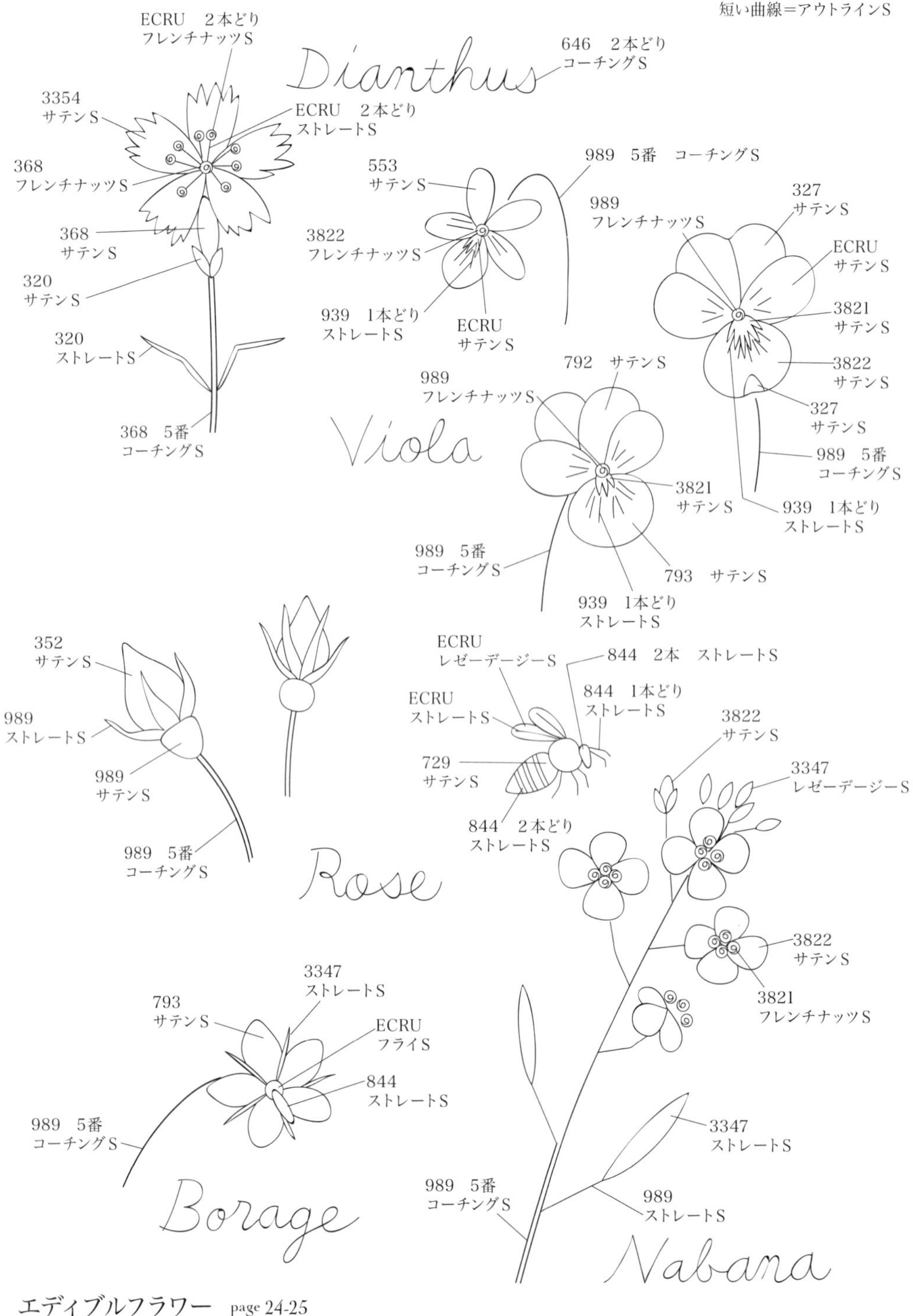

エディブルフラワー page 24-25

[材 料] DMC刺しゅう糸25番=3348, 368, 320, 989, 3347, 3822, 3821, 729, 840, 554, 553, 327, 939, 793, 792, 3354, 3608, 3607, ECRU, 844, 646, 922, 352　5番=3348, 368, 989

食べられる花(食用花)のことです。サラダなどの料理に使うと、目にもおいしいですね。
消毒をしていなければ、お庭の花も食卓に。ただし球根類などは中毒を引き起こすものがあるので注意が必要です。

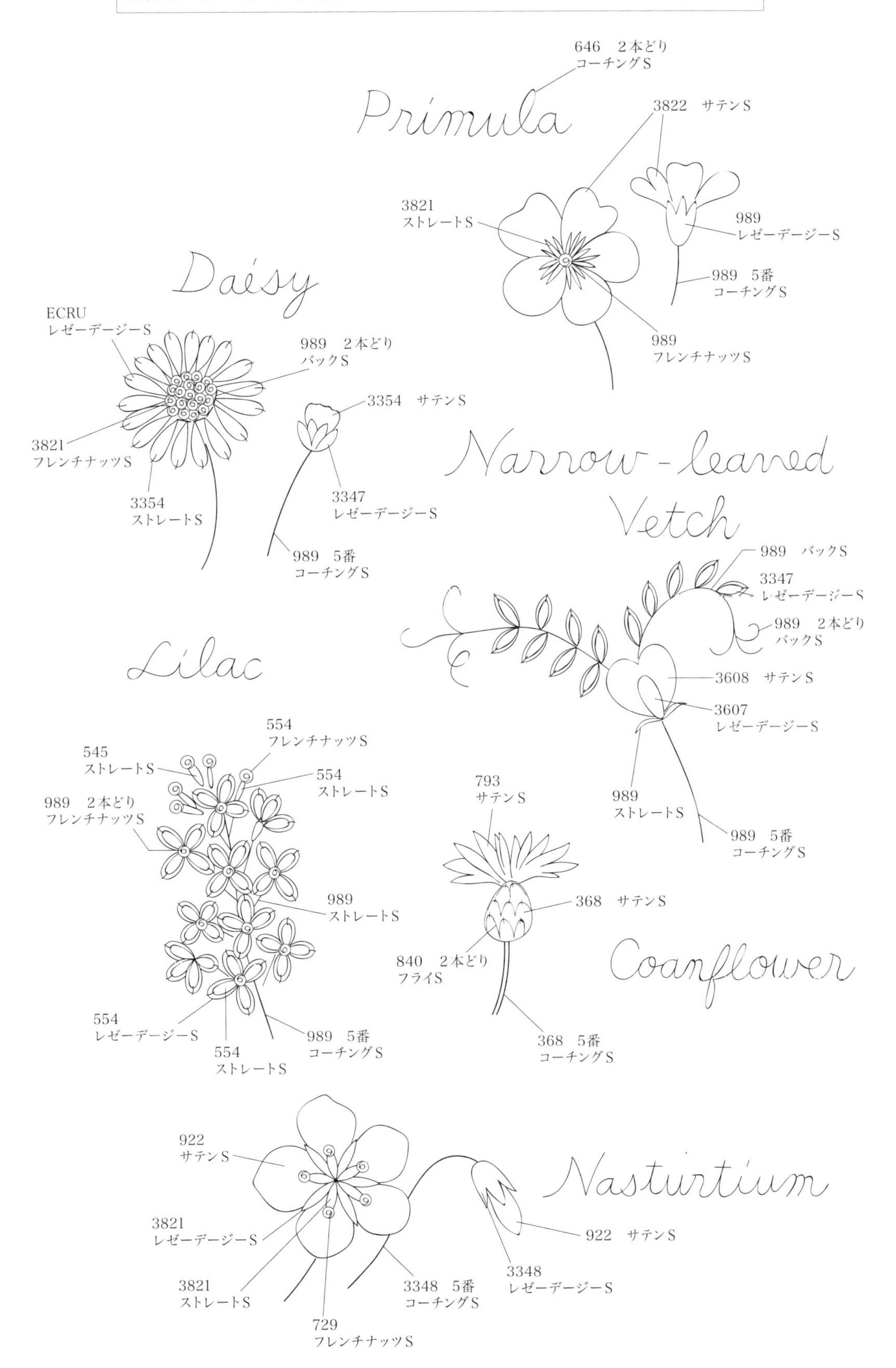

MY FAVORITE TOOLS

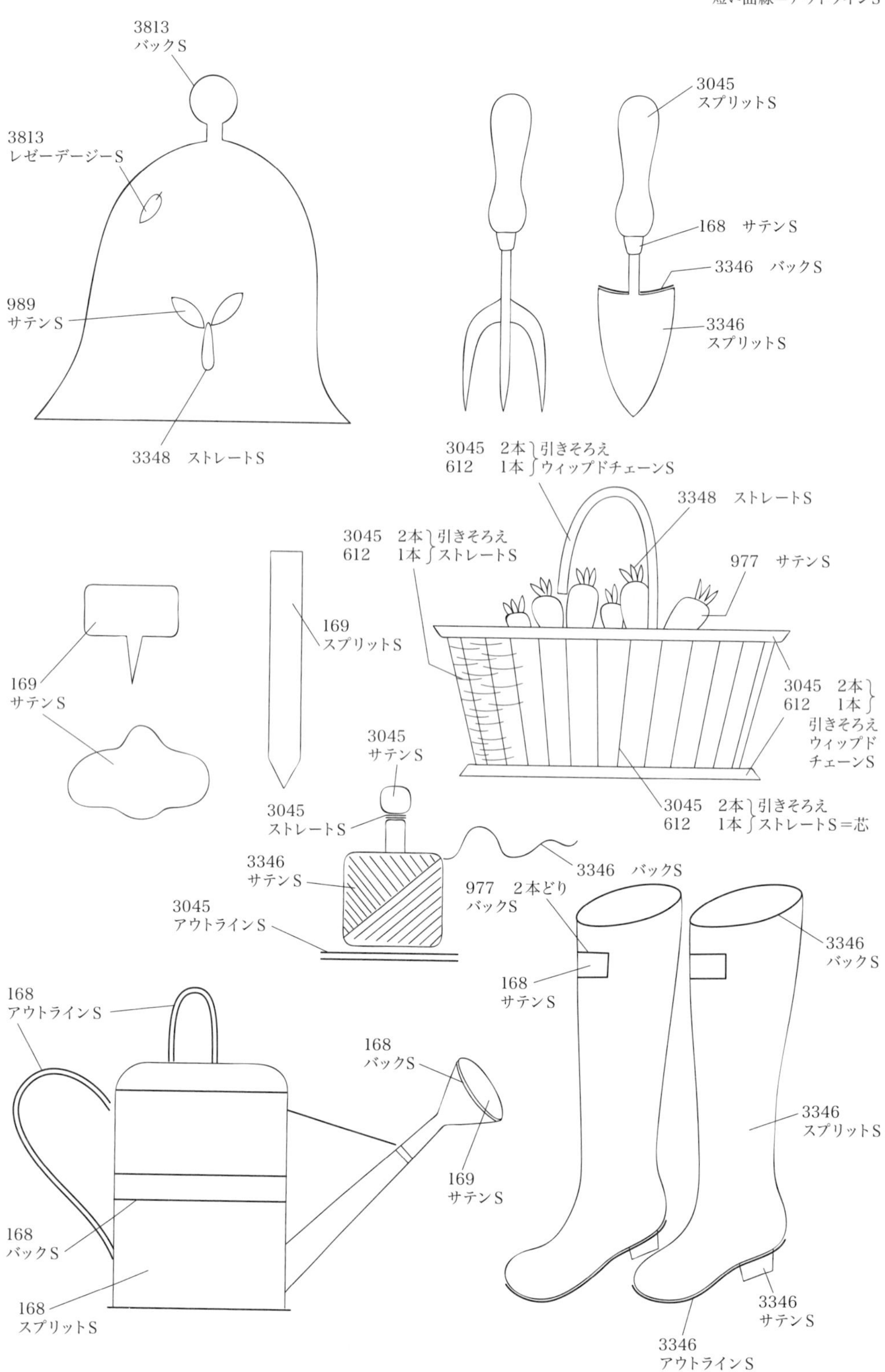

少しずつ、気に入った道具をそろえていくと、庭仕事や畑仕事が楽しくなります。
実用性を備えつつ、使い込んでいくとなじんでくる材質のものを選ぶようにしています。

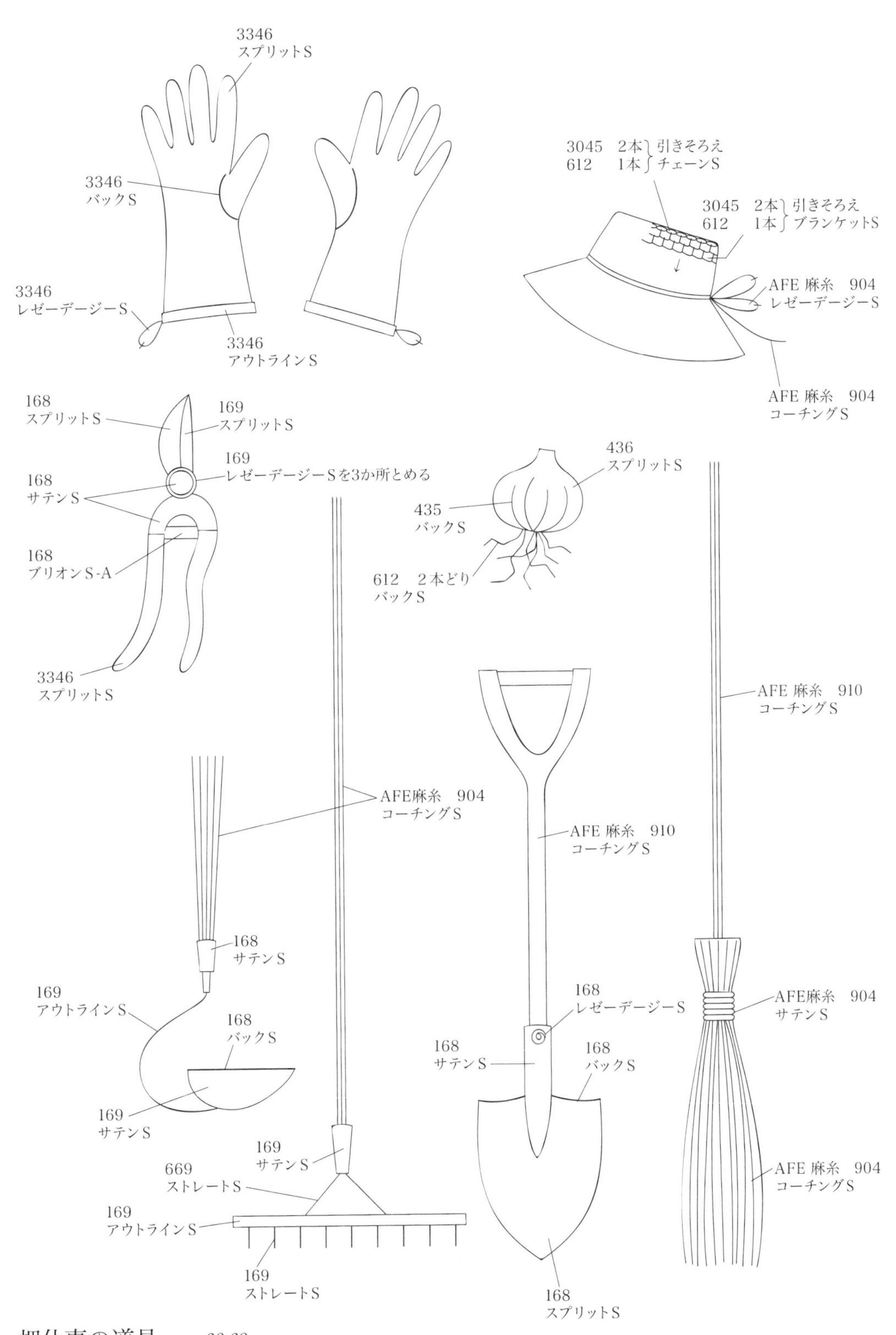

畑仕事の道具 page 28-29

[材 料] DMC刺しゅう糸25番＝612, 3045, 168, 169, 3348, 989, 3346, 3813, 977, 646, 436, 435
AFE麻刺しゅう糸＝904, 910

分類：ナス科ナス属 / 学名：*Solanum melongena* 原産地：インド東部	ナスは美しい野菜です。でも、この深い紫紺色は刺しゅう糸にはなく、 刺しゅうをするには、難しい野菜です。

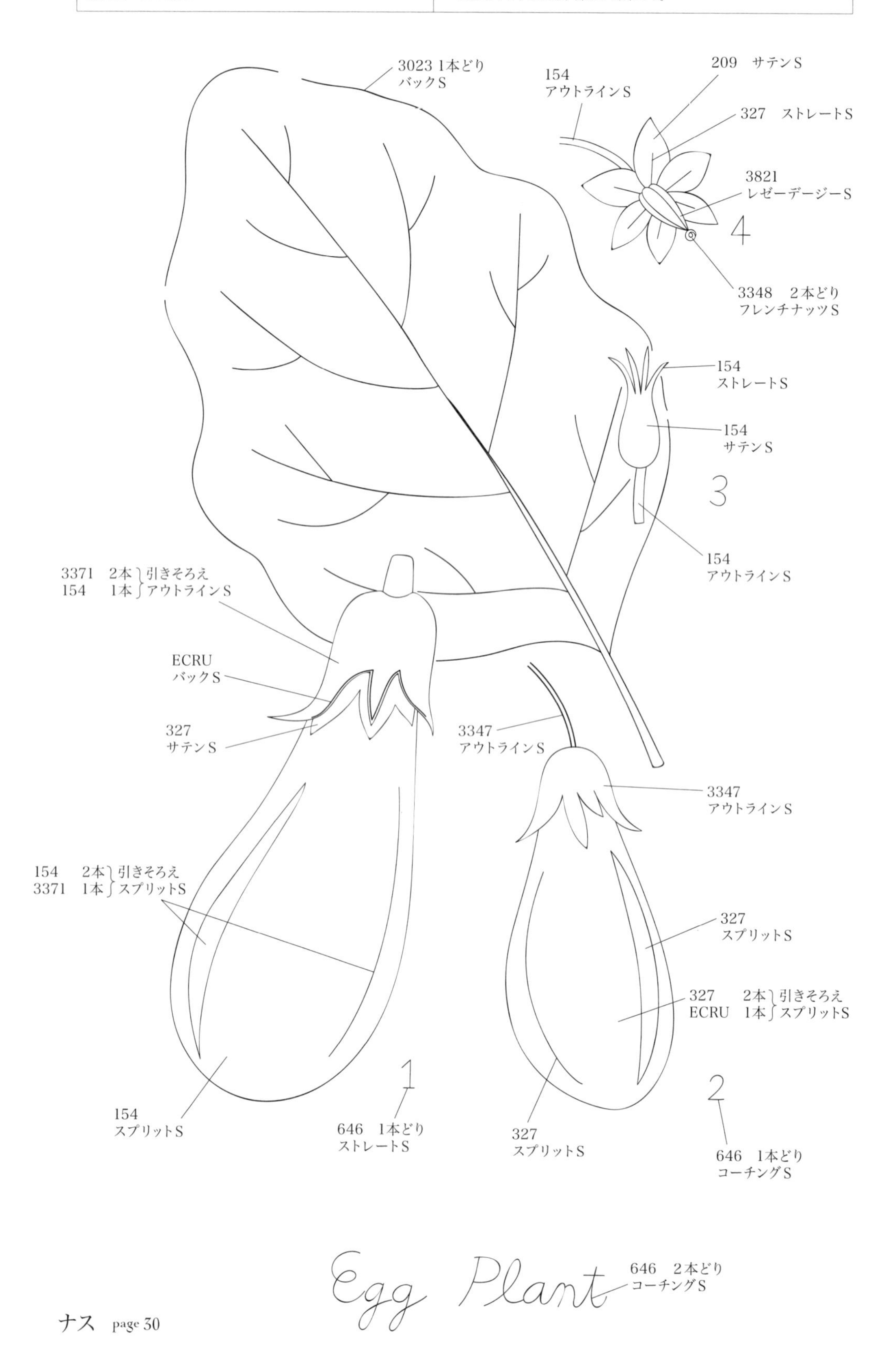

ナス page 30

［材 料］DMC刺しゅう糸25番＝3347, 3348, 209, 327, 154, 3371, ECRU, 3023, 646, 3821

分類：ナス科トウガラシ属 / 学名：*Capsicum annum* 原産地：熱帯アメリカ	トウガラシは品種の知識が必要です。見た目は普通でも、激辛の種類もありますから。

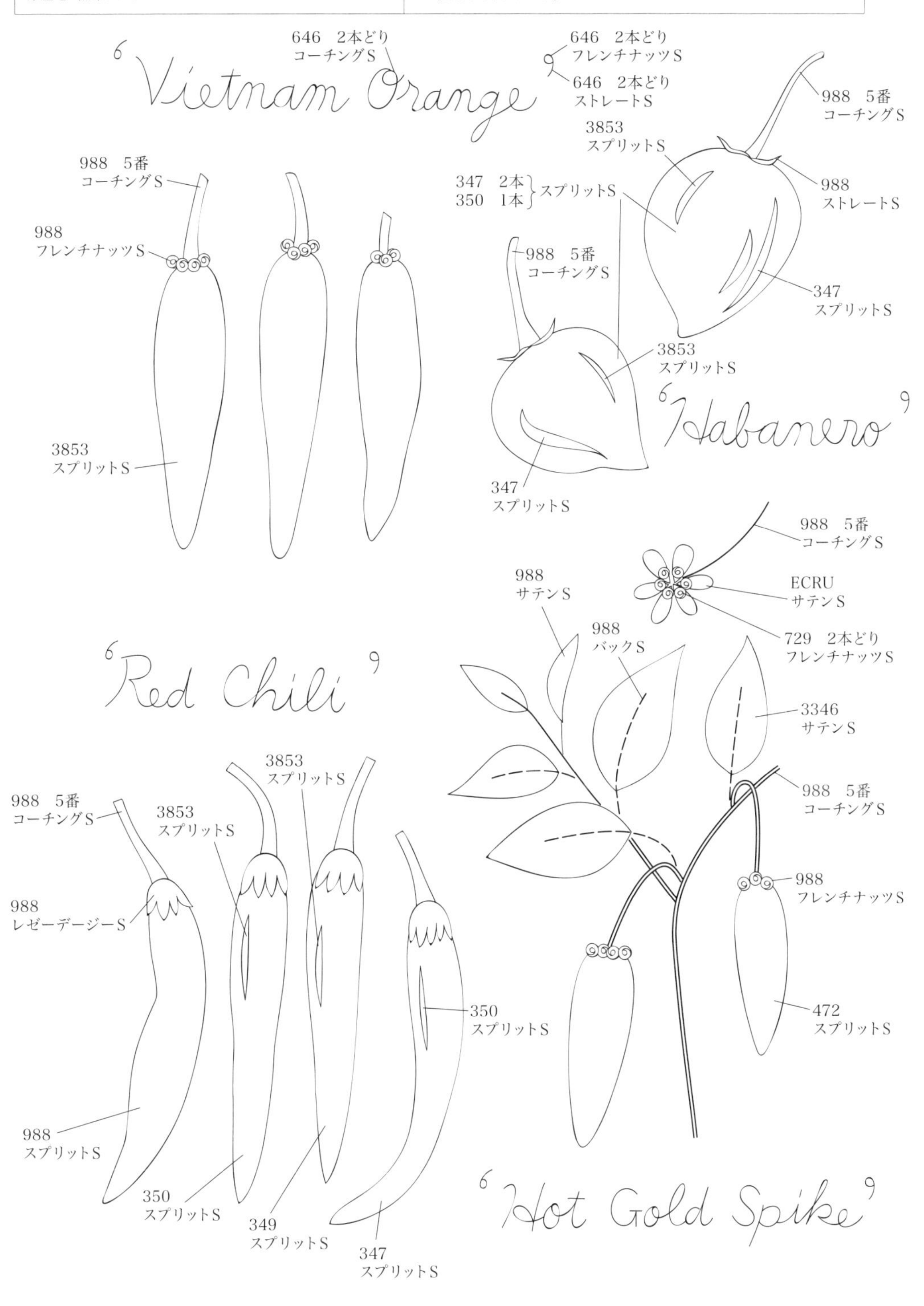

Chili Pepper 646 2本どり コーチングS

トウガラシ page 31

[材 料] DMC刺しゅう糸25番＝988, 3346, 472, 729, 3853, 350, 349, 347, ECRU, 646　5番＝988

分類：アブラナ科アブラナ属 / 学名：*Brassica oleracea* 原産地：ヨーロッパ	葉のつけ根にできるわき芽が結球したものです。 キャベッジローズというバラもあるくらいですから、キャベツの形はバラに似ています。

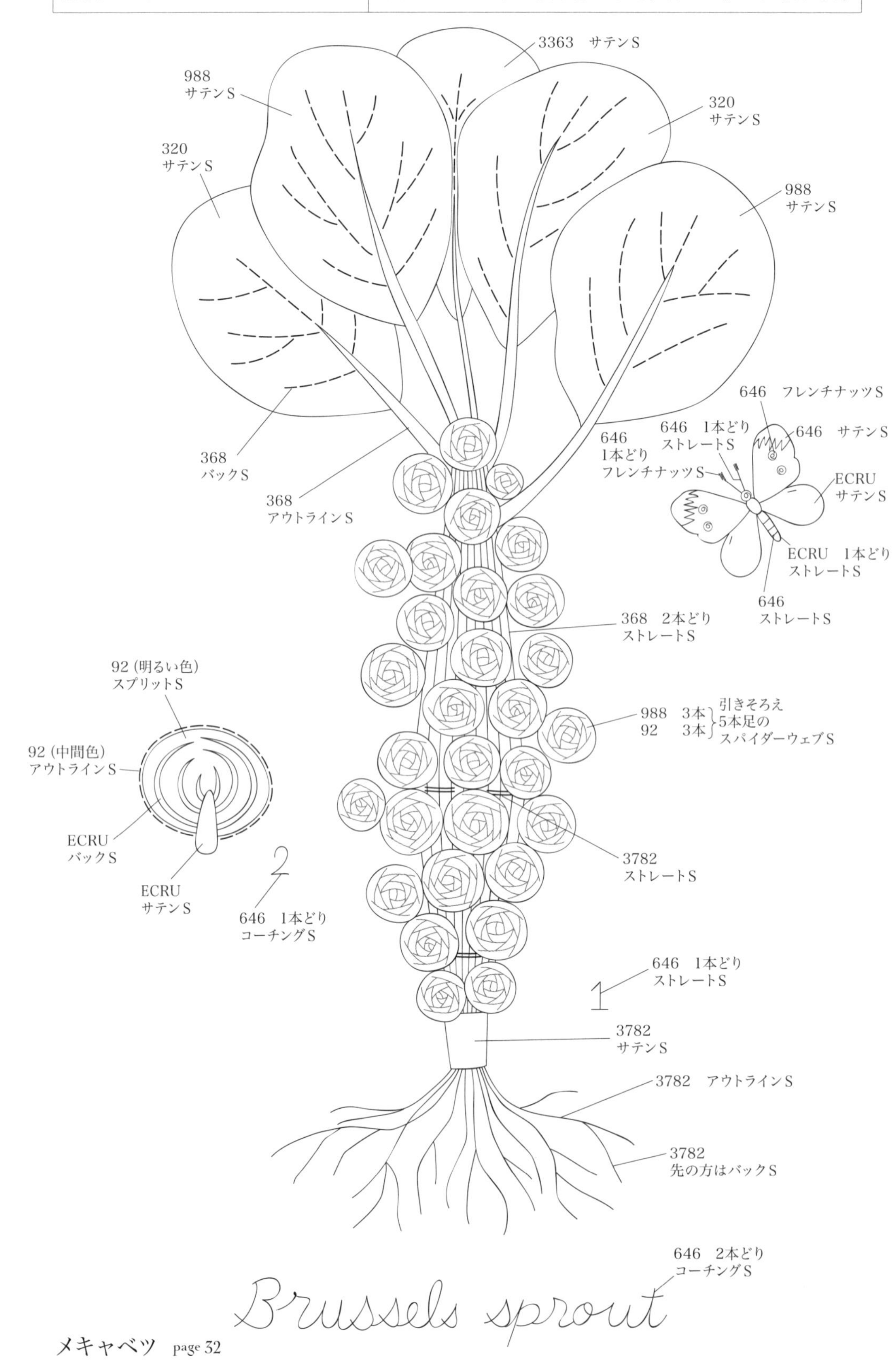

メキャベツ page 32

［材 料］DMC刺しゅう糸25番=368, 988, 320, 3363, 3782, ECRU, 646, 92 (段染め)

［ポイント］段染め糸の濃淡によって、仕上がるメキャベツの色が変わってくるので、配置を考えて刺しゅうしましょう。

分類：アブラナ科アブラナ属／学名：*Brassica rapa var.perviridis*
原産地：中国

栄養価の高い緑黄色野菜。
すっきりとした色と形から、ハンサムな野菜といえます。

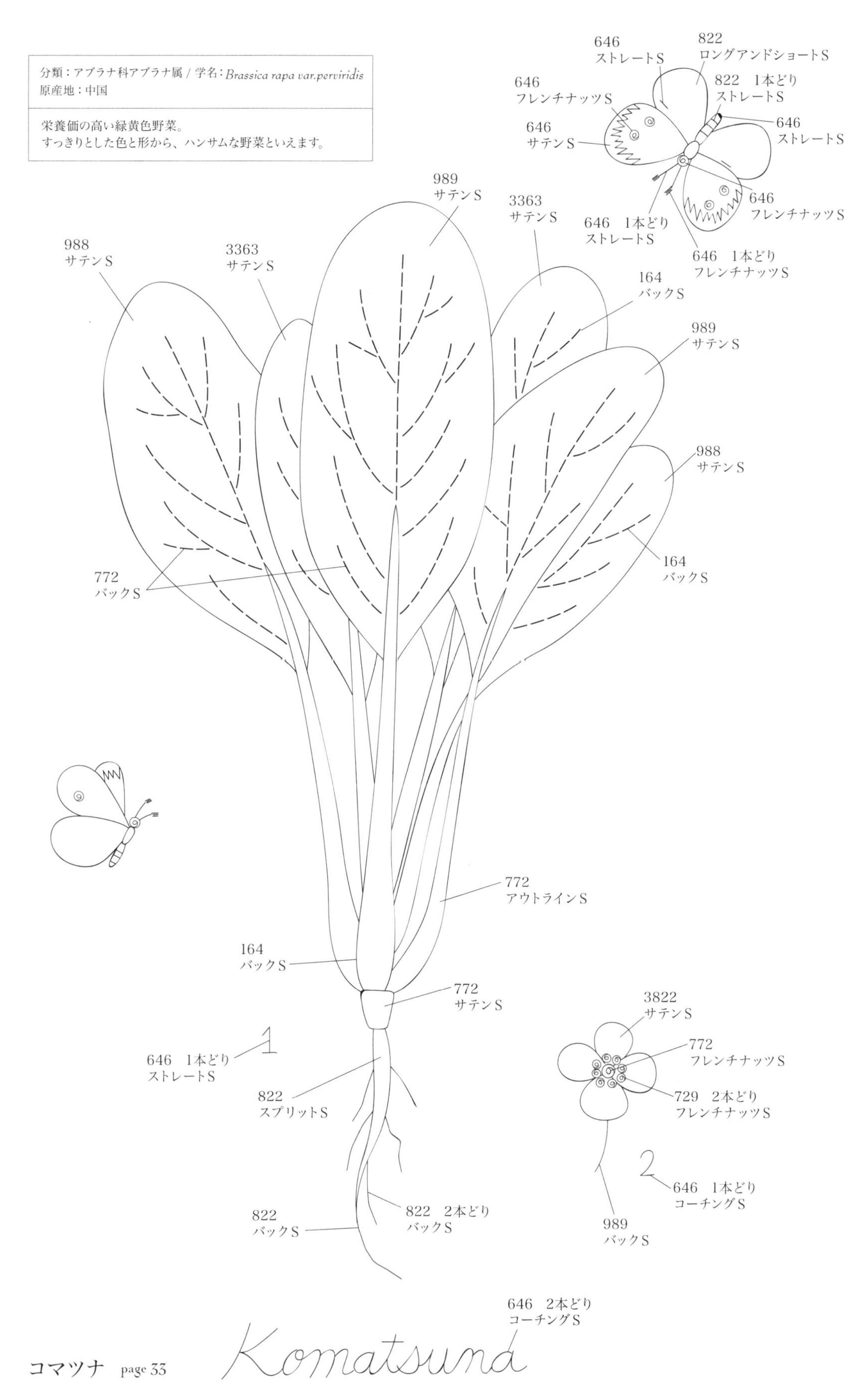

コマツナ page 33

[材 料] DMC刺しゅう糸25番=772, 164, 989, 988, 3363, 822, 3822, 729, 646

分類：ウリ科カボチャ属 / 学名：*Cucurbita moschata* 原産地：中央アメリカ、南アメリカ	免疫力を高めるカロテンやビタミン類が豊富。多くの野菜が新鮮なほどおいしく、栄養価も高いのですが、カボチャは少し時間をおいたほうがおいしくなります。

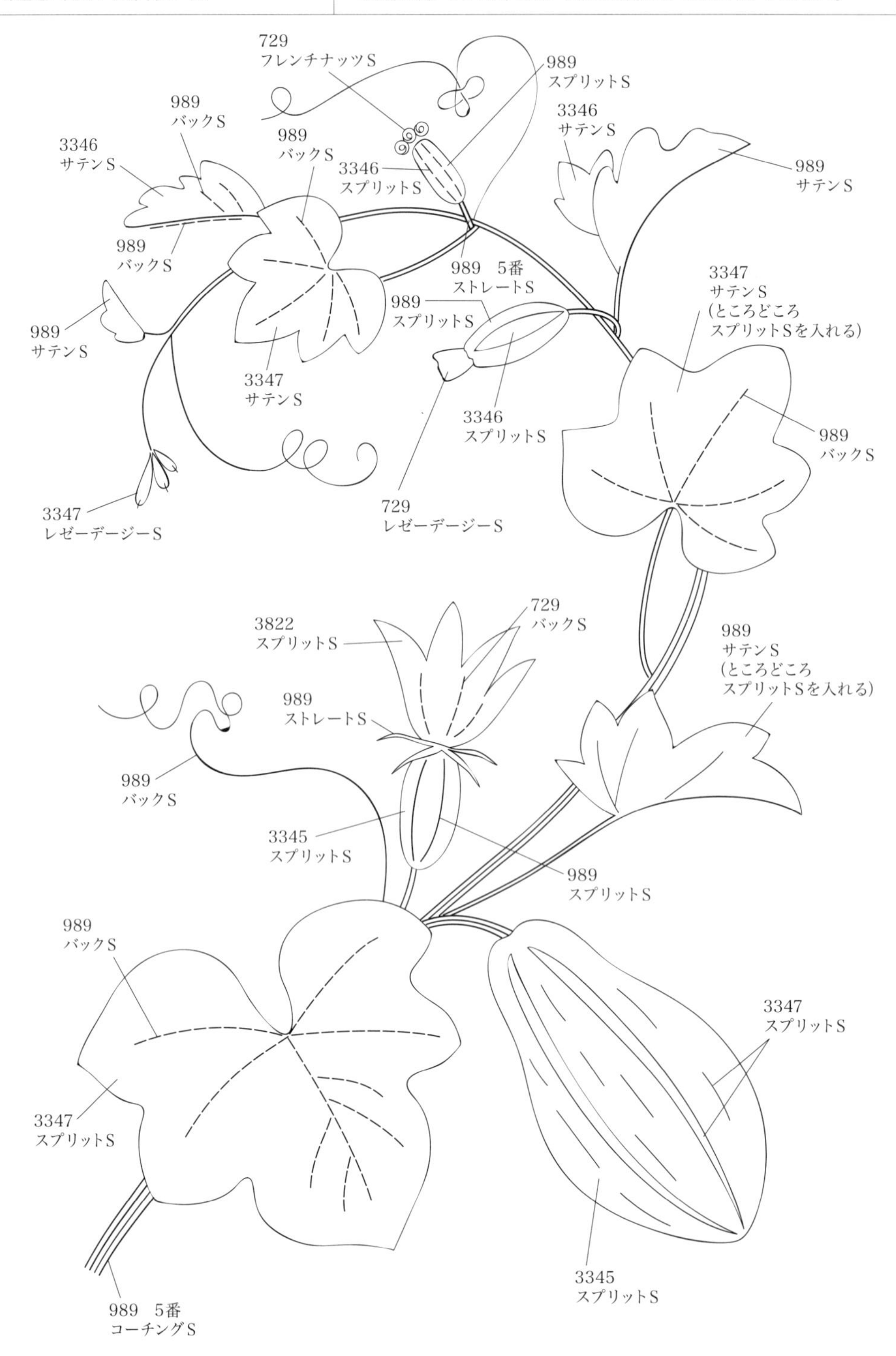

646　2本どり
コーチングS
Pumpkin and Squash

カボチャ page 34

［材 料］DMC刺しゅう糸25番＝989, 3347, 3346, 3345, 3822, 729, 646　5番＝989

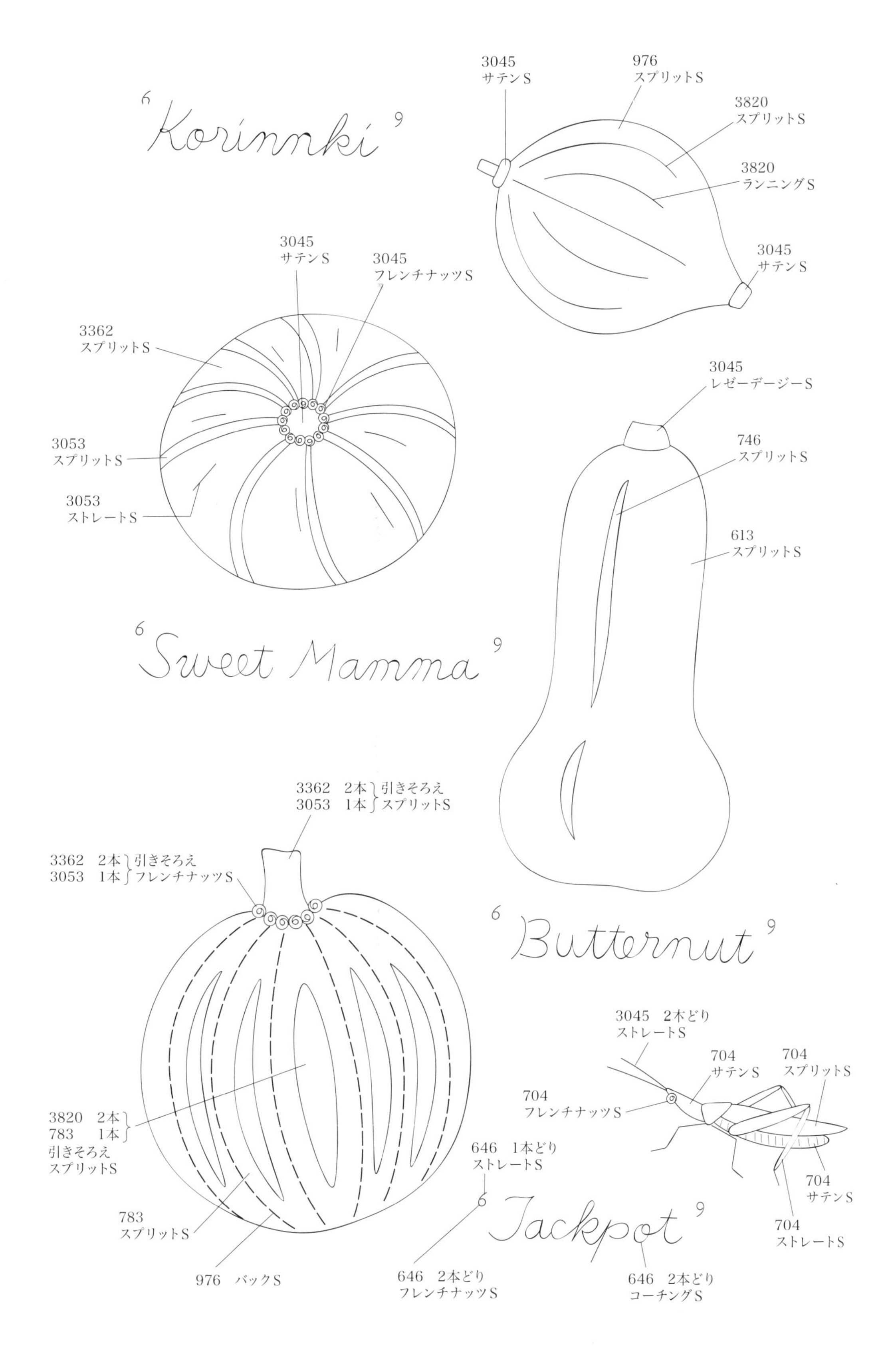

カボチャいろいろ page 35

［材 料］DMC刺しゅう糸25番=3053, 3362, 746, 613, 3820, 783, 976, 3045, 646, 704

分類：ナス科ナス属 / 学名：*Solanum tuberosum* 原産地：南アメリカ	ビタミンが豊富で「大地のリンゴ」と呼ばれています。流通する品種も増えて、料理に合わせて種類を選べるようになりました。

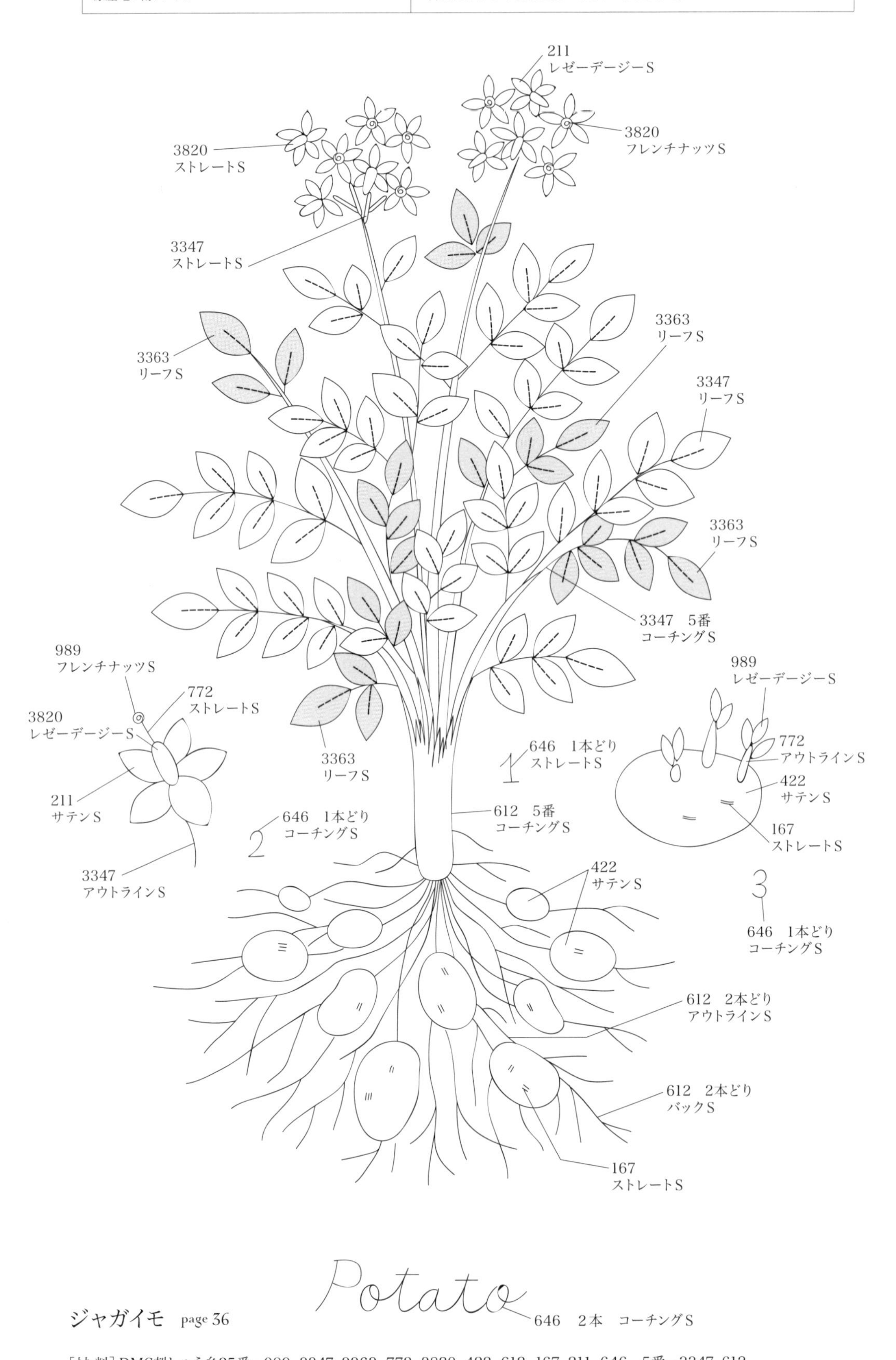

ジャガイモ page 36

［材 料］DMC刺しゅう糸25番＝989, 3347, 3363, 772, 3820, 422, 612, 167, 211, 646　5番＝3347, 612

分類：ユリ科ネギ属 / 学名：*Allium cepa* 原産地：中央アジア	常備野菜の一つ。時々、枯れた葉を結んでぶら下げているのを見かけると、 堅実で豊かな暮らしぶりを想像します。

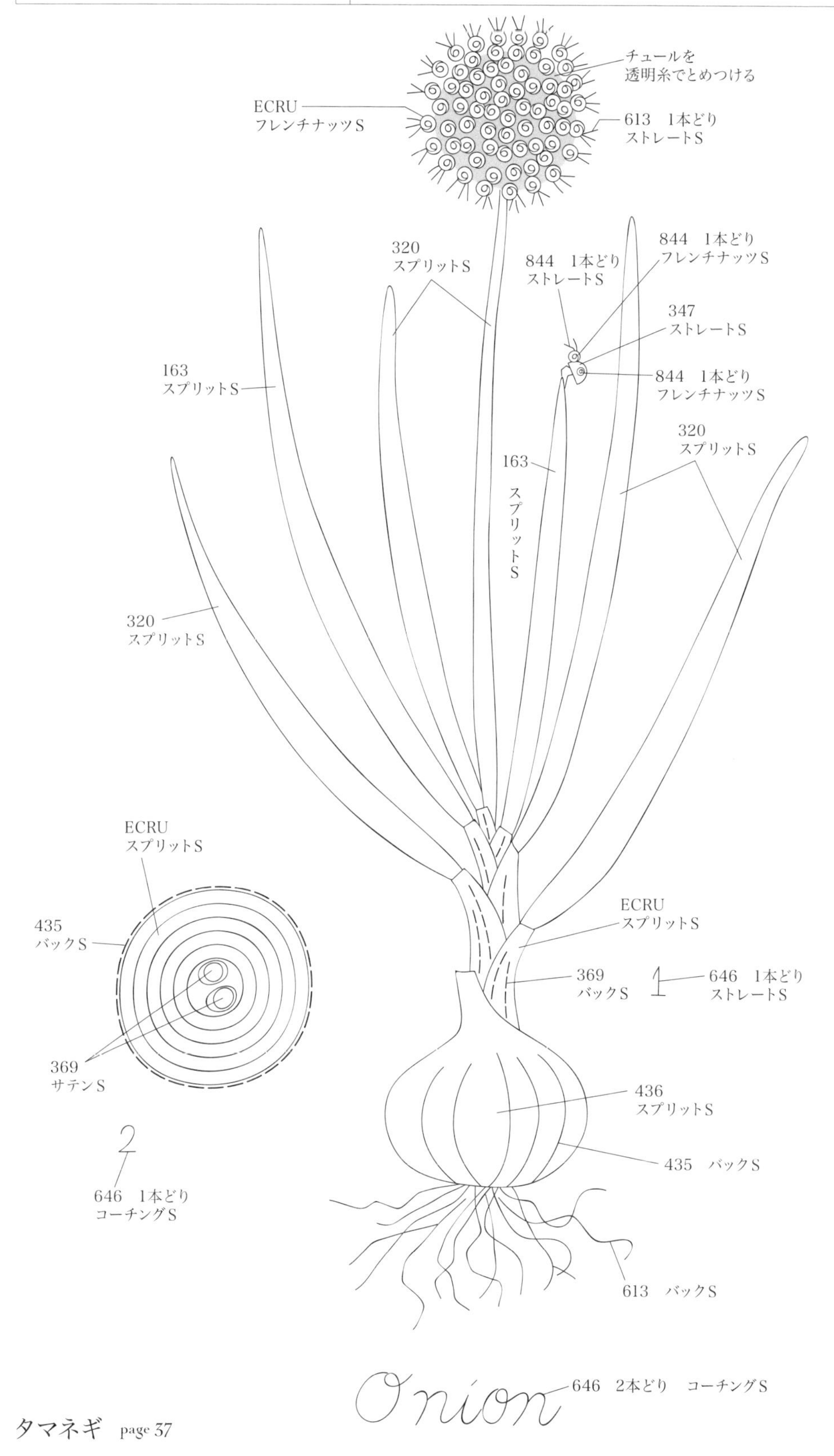

タマネギ page 37

[材 料] DMC刺しゅう糸25番=369, 320, 163, ECRU, 613, 436, 435, 347, 646, 844　別布=AFEチュール(グリーン)少々

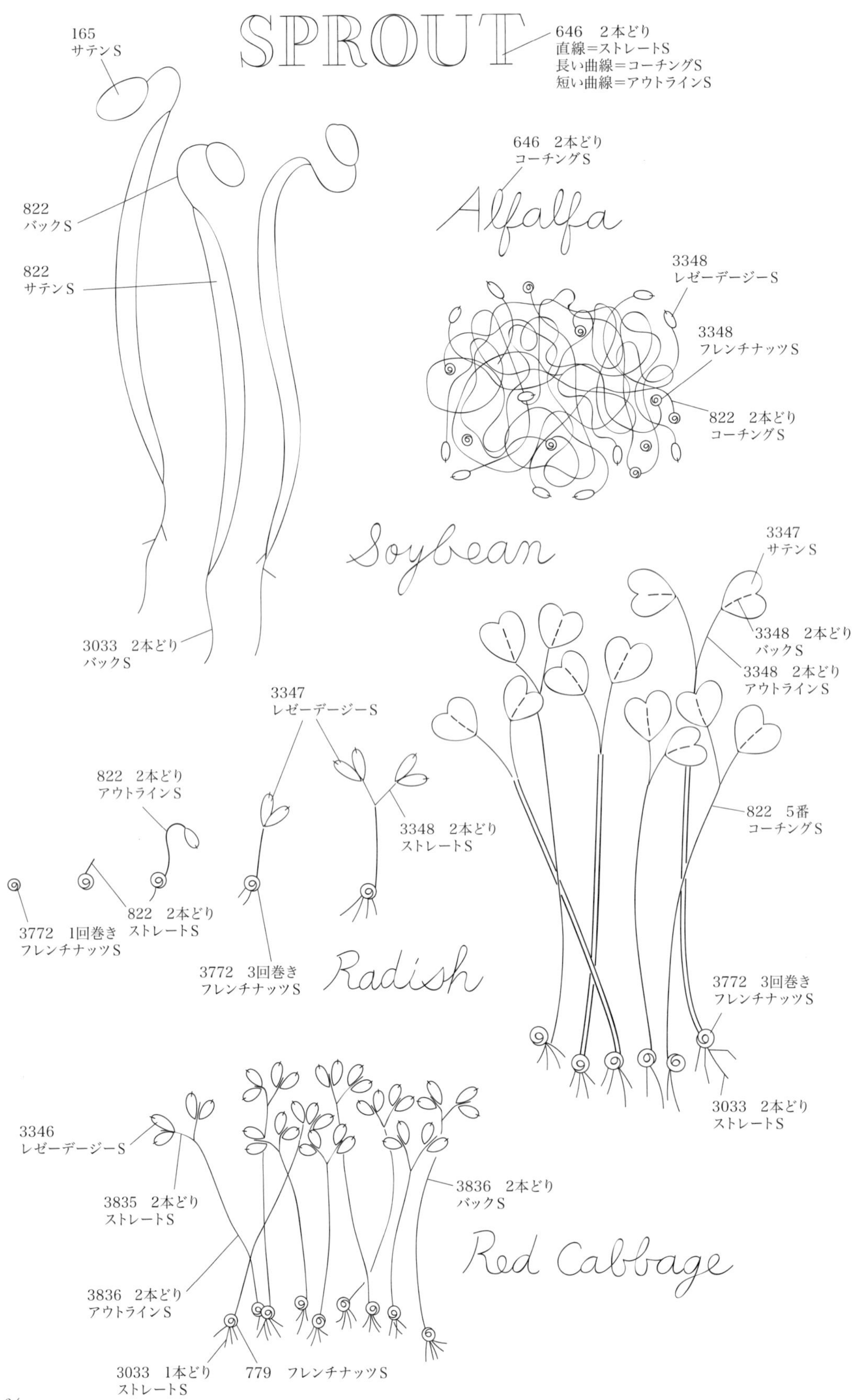
SPROUT
646　2本どり
直線＝ストレートS
長い曲線＝コーチングS
短い曲線＝アウトラインS
165
サテンS
822
バックS
822
サテンS
3033　2本どり
バックS
Soybean
646　2本どり
コーチングS
Alfalfa
3348
レゼーデージーS
3348
フレンチナッツS
822　2本どり
コーチングS
3347
サテンS
3348　2本どり
バックS
3348　2本どり
アウトラインS
822　5番
コーチングS
3772　3回巻き
フレンチナッツS
3033　2本どり
ストレートS
3347
レゼーデージーS
822　2本どり
アウトラインS
3348　2本どり
ストレートS
822　2本どり
ストレートS
3772　1回巻き
フレンチナッツS
3772　3回巻き
フレンチナッツS
Radish
3346
レゼーデージーS
3835　2本どり
ストレートS
3836　2本どり
バックS
Red Cabbage
3836　2本どり
アウトラインS
3033　1本どり
ストレートS
779　フレンチナッツS

スプラウトは、植物の新芽のこと。発芽の際に、特別な成分が新たに作られたり、栄養価が成熟した野菜より高かったりと注目されています。野菜売り場で多くの種類を見かけるようになりました。豆苗は一度カットした後、日の当たる窓辺で育てると、もう一度収穫できます。

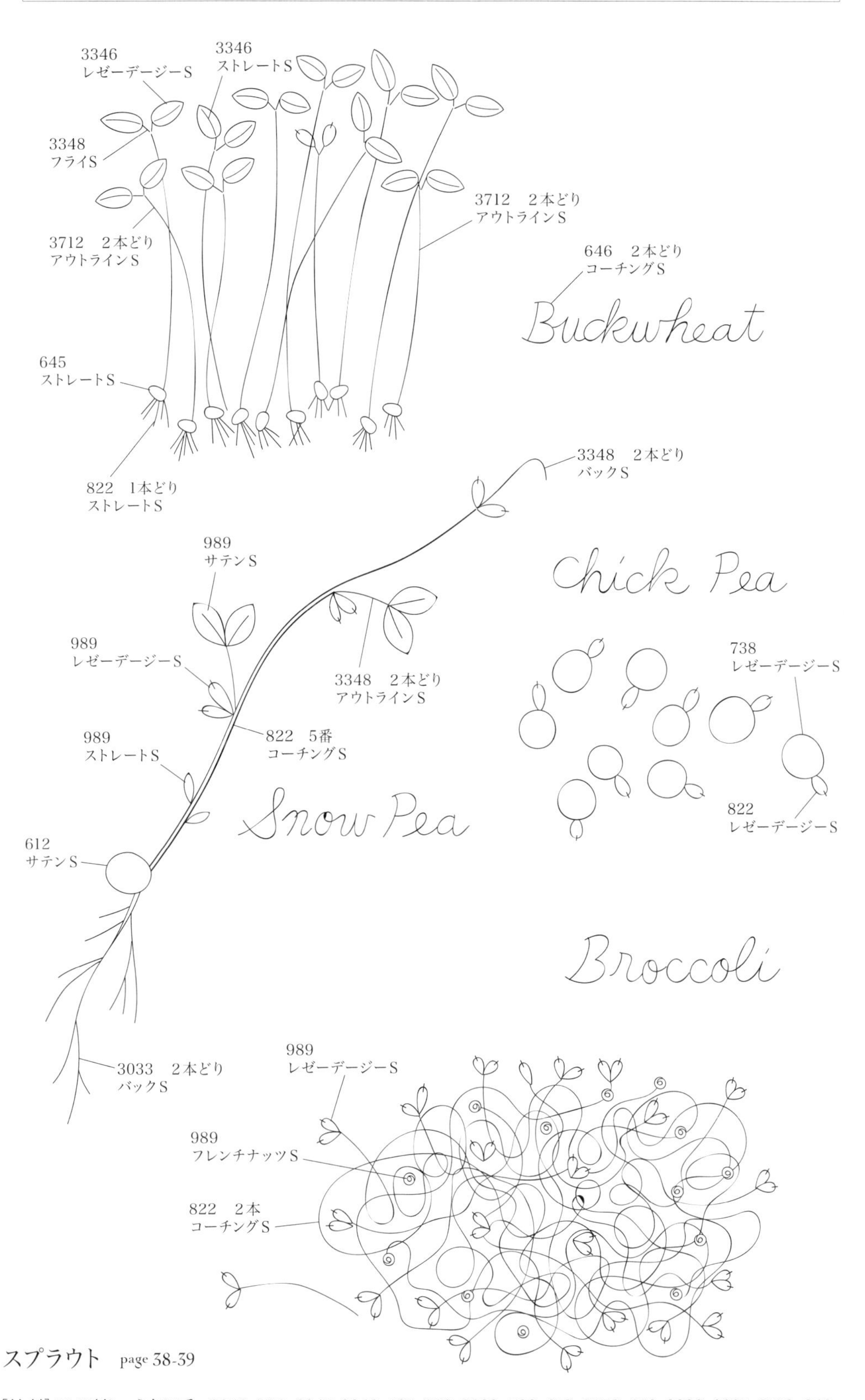

スプラウト page 38-39

[材 料]DMC刺しゅう糸25番=3348, 989, 3347, 3346, 165, 822, 3033, 738, 612, 3772, 779, 3836, 3835, 3712, 646, 645　5番=822

分類：ユリ科ネギ属 / 学名：*Allium schoenoprasum* 原産地：ヨーロッパ、北アジア	西洋アサツキとも呼ばれ、細ネギより繊細な味わい。 キッチンガーデンでは、縁取りに使うことがあります。

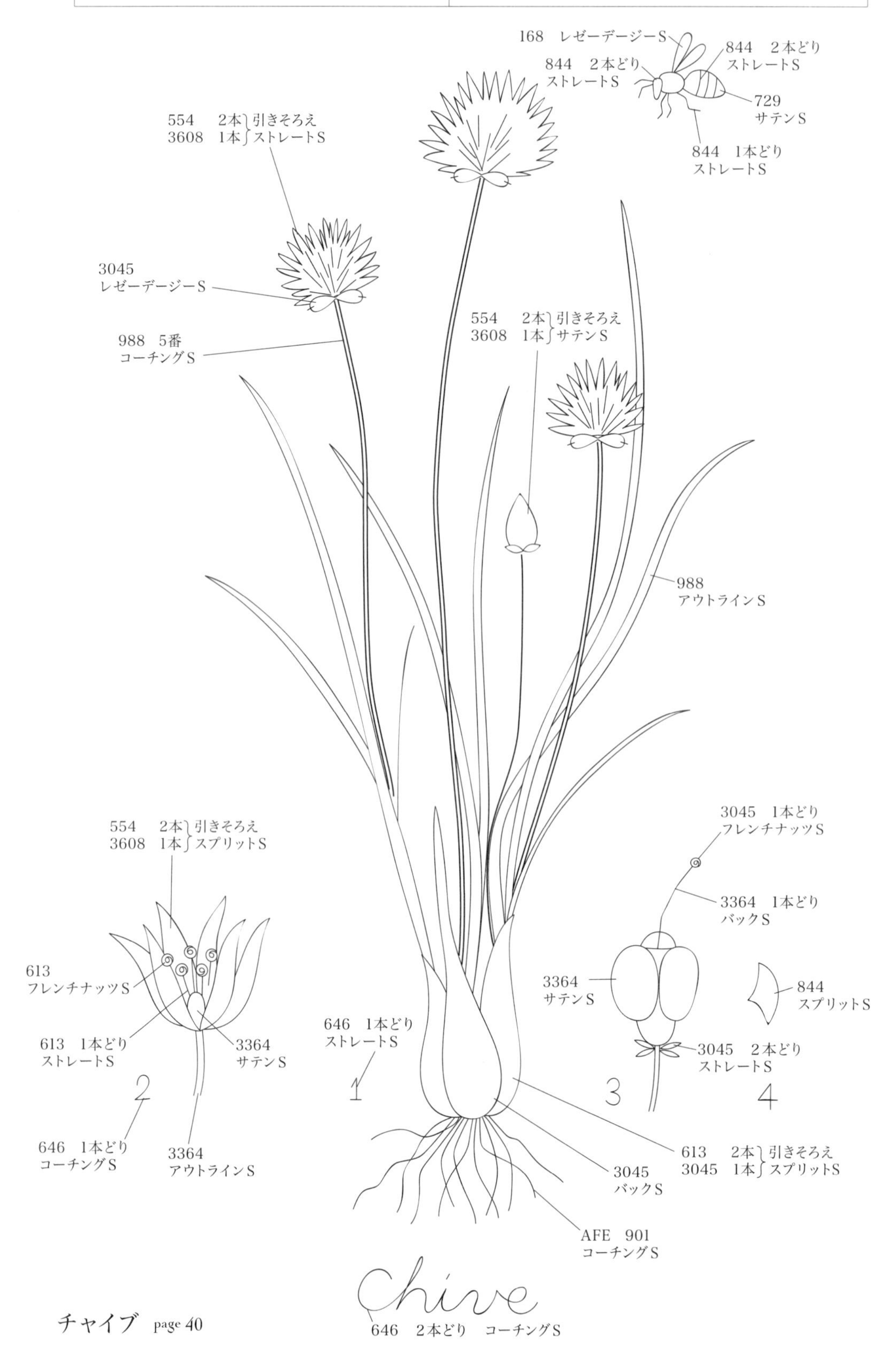

チャイブ page 40

[材 料] DMC刺しゅう糸25番=988, 3364, 3608, 554, 613, 3045, 729, 168, 646, 844 5番=988
AFE麻刺しゅう糸=901

分類：キク科コウオウソウ属 / 学名：*Tagetes patula* 原産地：メキシコ	キッチンガーデンの頼もしいコンパニオンプランツ。 害虫であるセンチュウを退治してくれます。

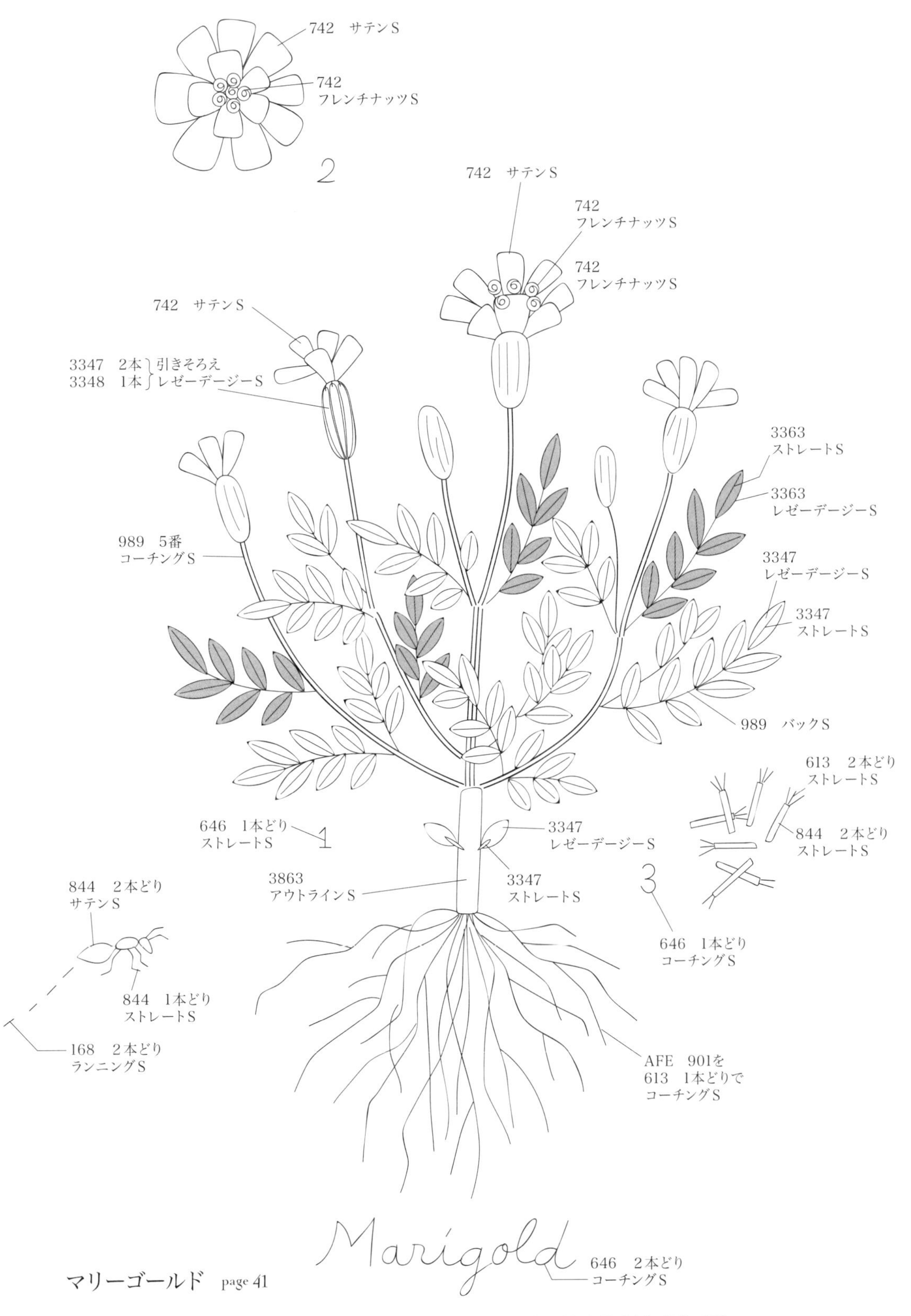

マリーゴールド page 41

[材 料] DMC刺しゅう糸25番＝989, 3363, 3347, 3348, 3863, 613, 742, 168, 646, 844　5番＝989
AFE麻刺しゅう糸＝901

分類：セリ科オランダゼリ属 / 学名：*Petroselium crispum* 原産地：地中海沿岸	料理の彩りや香りづけに使うのはもちろん、とても栄養価の高い葉野菜。季節によっては、キアゲハの食卓になります。

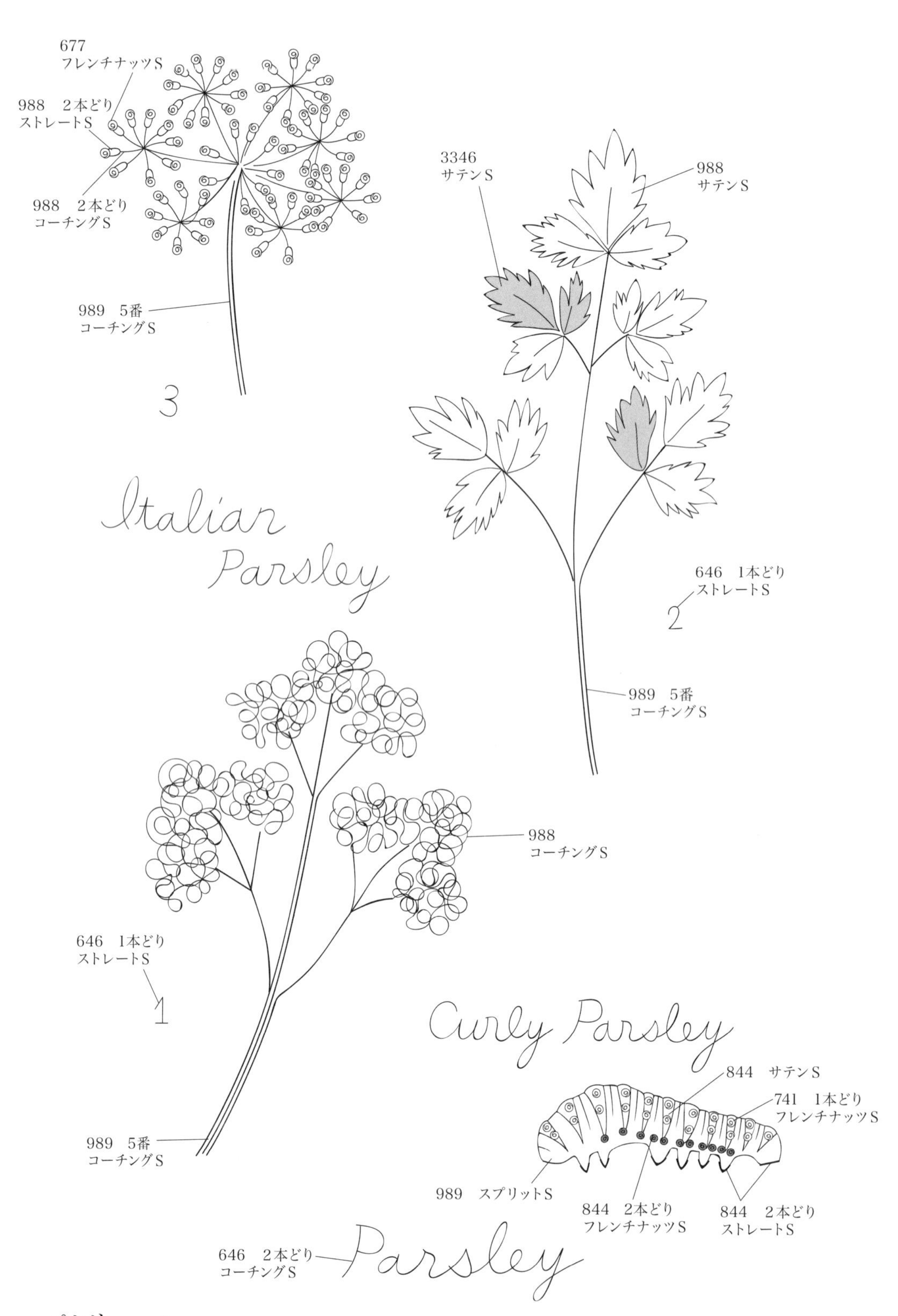

パセリ　page 42

［材 料］DMC刺しゅう糸25番＝989, 988, 3346, 677, 741, 646, 844　5番＝989

分類：シソ科アキギリ属 / 学名：*Salvia officinalis* 原産地：地中海沿岸、北アフリカ	たくさんのセージの仲間がありますが、食用はコモンセージ。 肉料理に多く使われます。

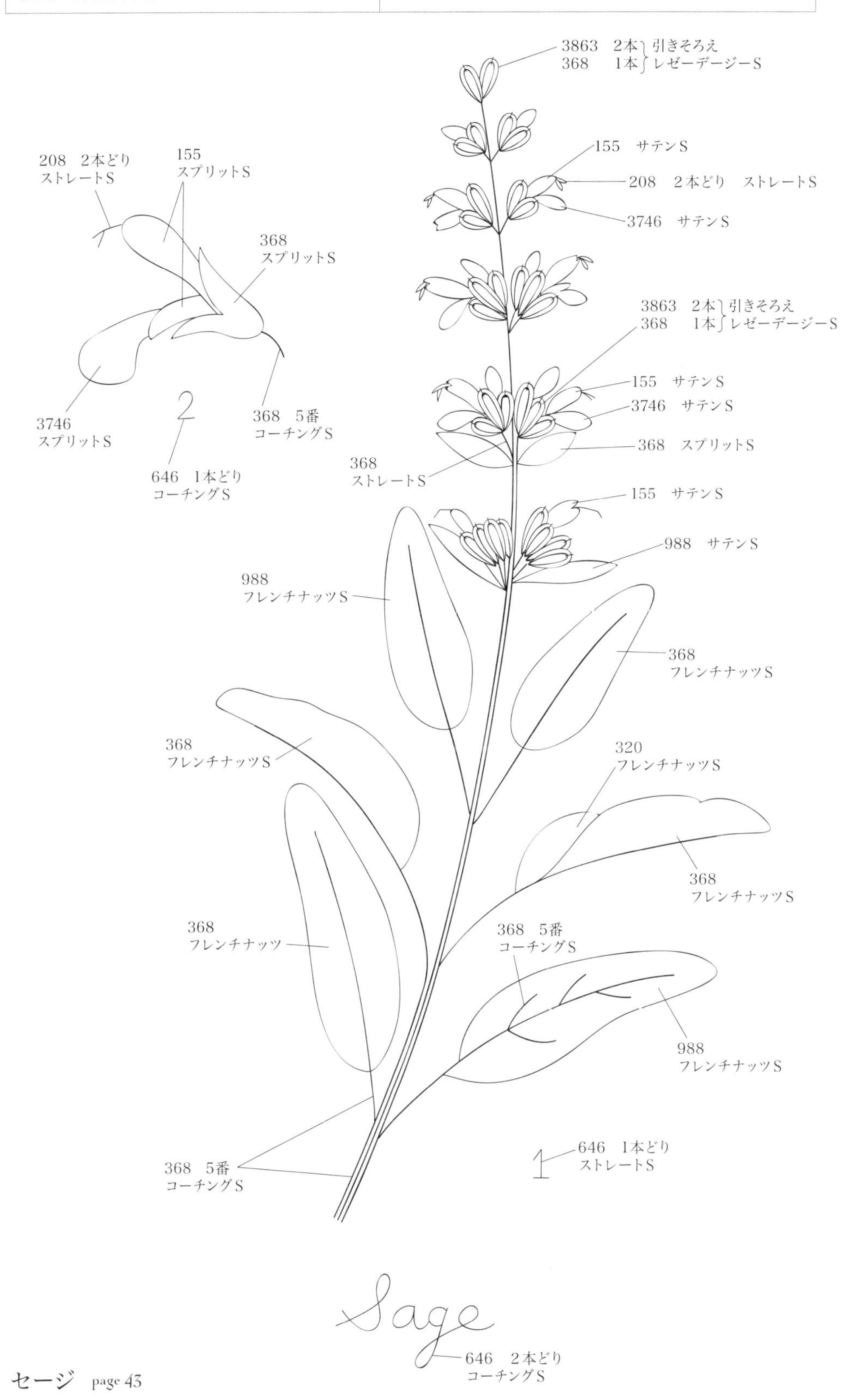

セージ　page 43

[材 料] DMC刺しゅう糸25番=368, 988, 320, 155, 3746, 208, 3863, 646　5番=368

分類：クワ科イチジク属 / 学名：*Ficus carica* 原産地：アラビア半島	庭がもう少し広ければ、ぜひ植えたい果樹。デリケートな果実のなる木は、 葉からもイチジク特有の香りがします。

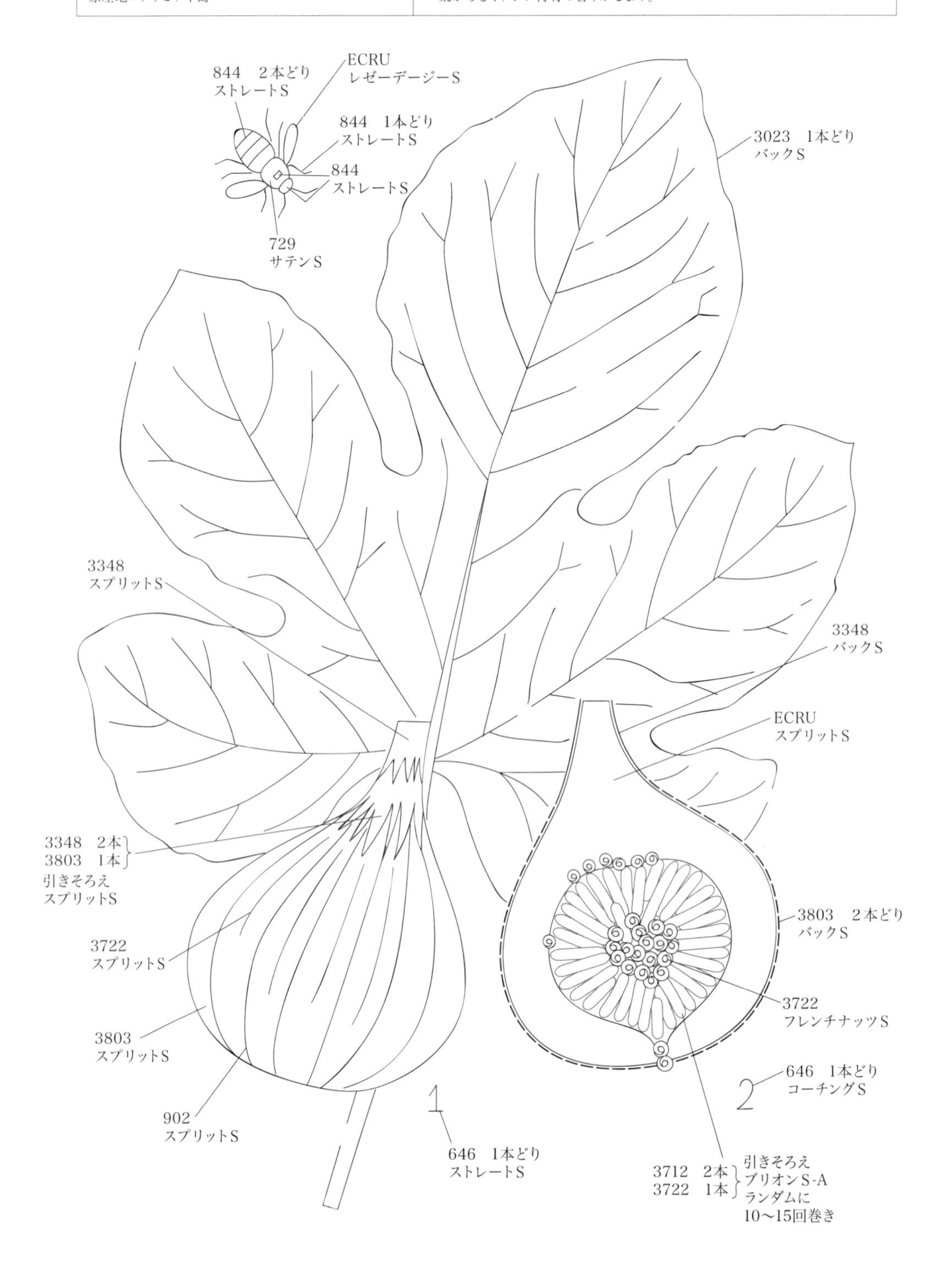

イチジク　page 44

[材 料] DMC刺しゅう糸25番=3348, 3712, 3722, 3803, 902, 729, ECRU, 3023, 646, 844

分類：バラ科ザイフリボク属 / 学名：*Amelanchier canadensis* 原産地：北アメリカ	早春に花が咲いて、6月にはマットな赤い実がなり、秋には紅葉が楽しめます。剪定も気楽にできるので、おすすめの果樹です。

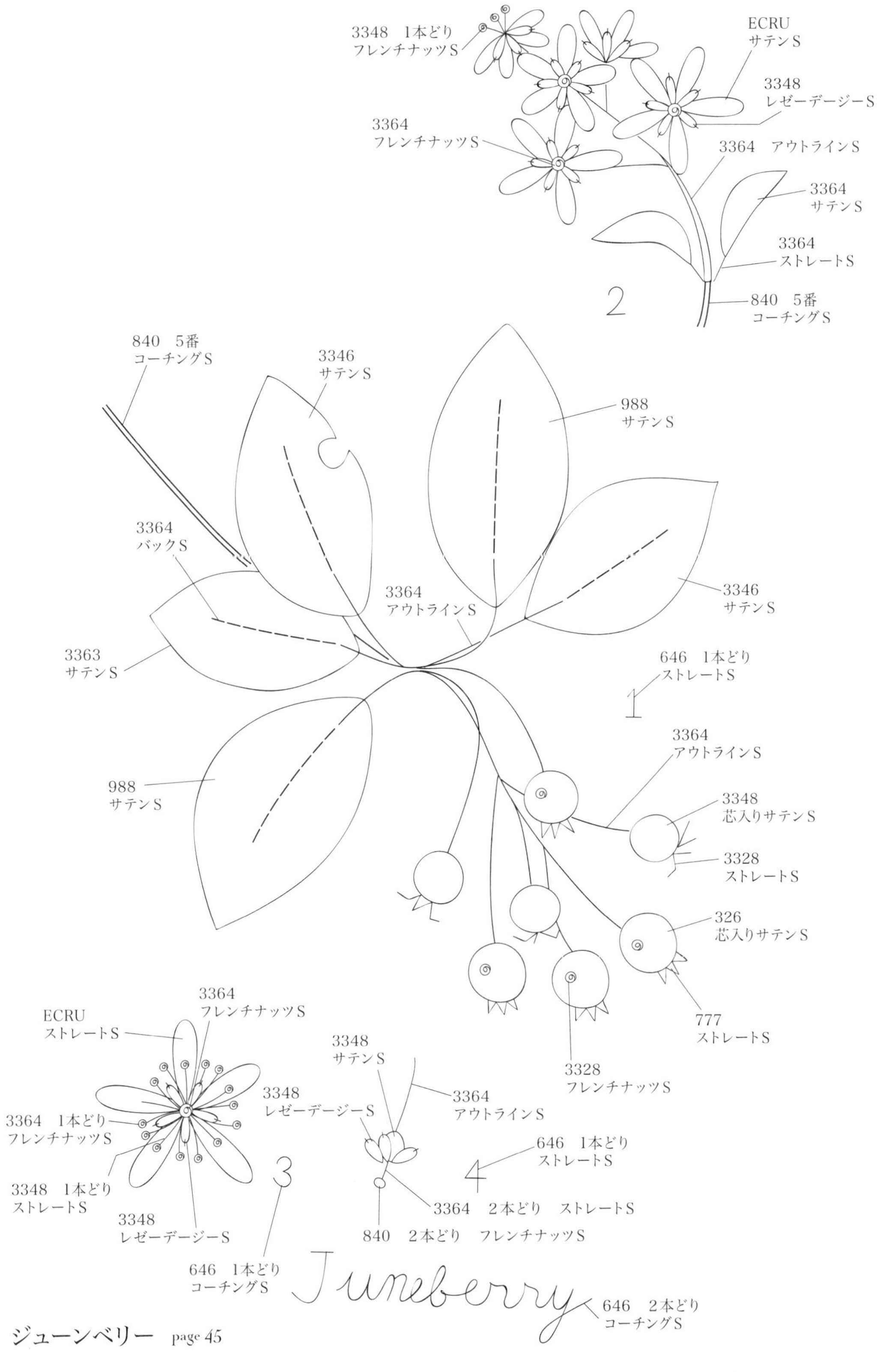

ジューンベリー page 45

［材 料］DMC刺しゅう糸25番＝3348, 3364, 988, 3346, 3363, 3328, 326, 777, ECRU, 840, 646　5番糸＝840

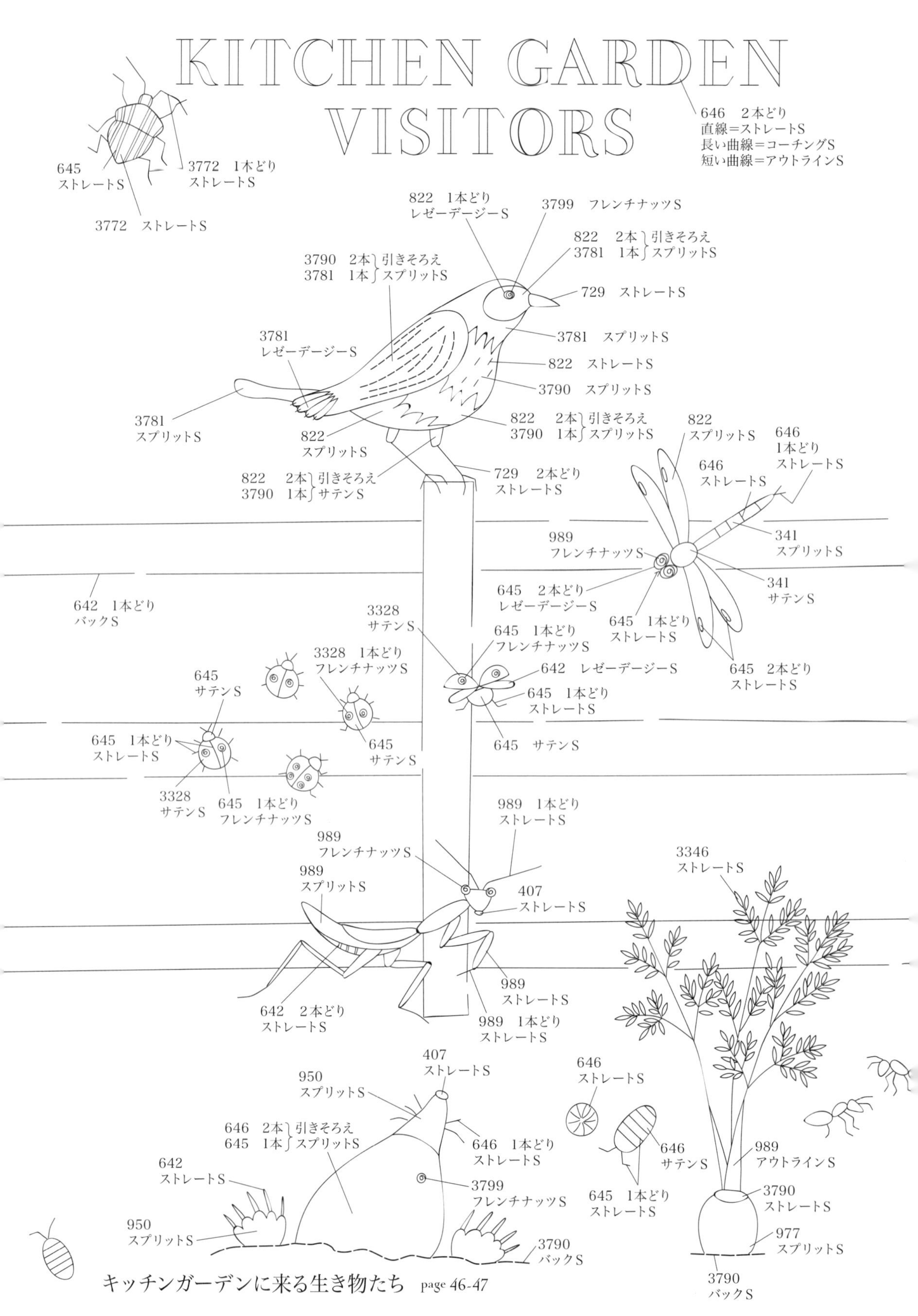

キッチンガーデンに来る生き物たち　page 46-47

[材 料] DMC刺しゅう糸25番＝822, 642, 646, 645, 3799, 727, 729, 3790, 3772, 3328, 977, 950, 407, 168, 169, 3781, 989, 3346, 341

小さな池があり、金柑、ジューンベリー、ローズヒップが実る庭には、鳥をはじめとして、虫たちもやって来ます。

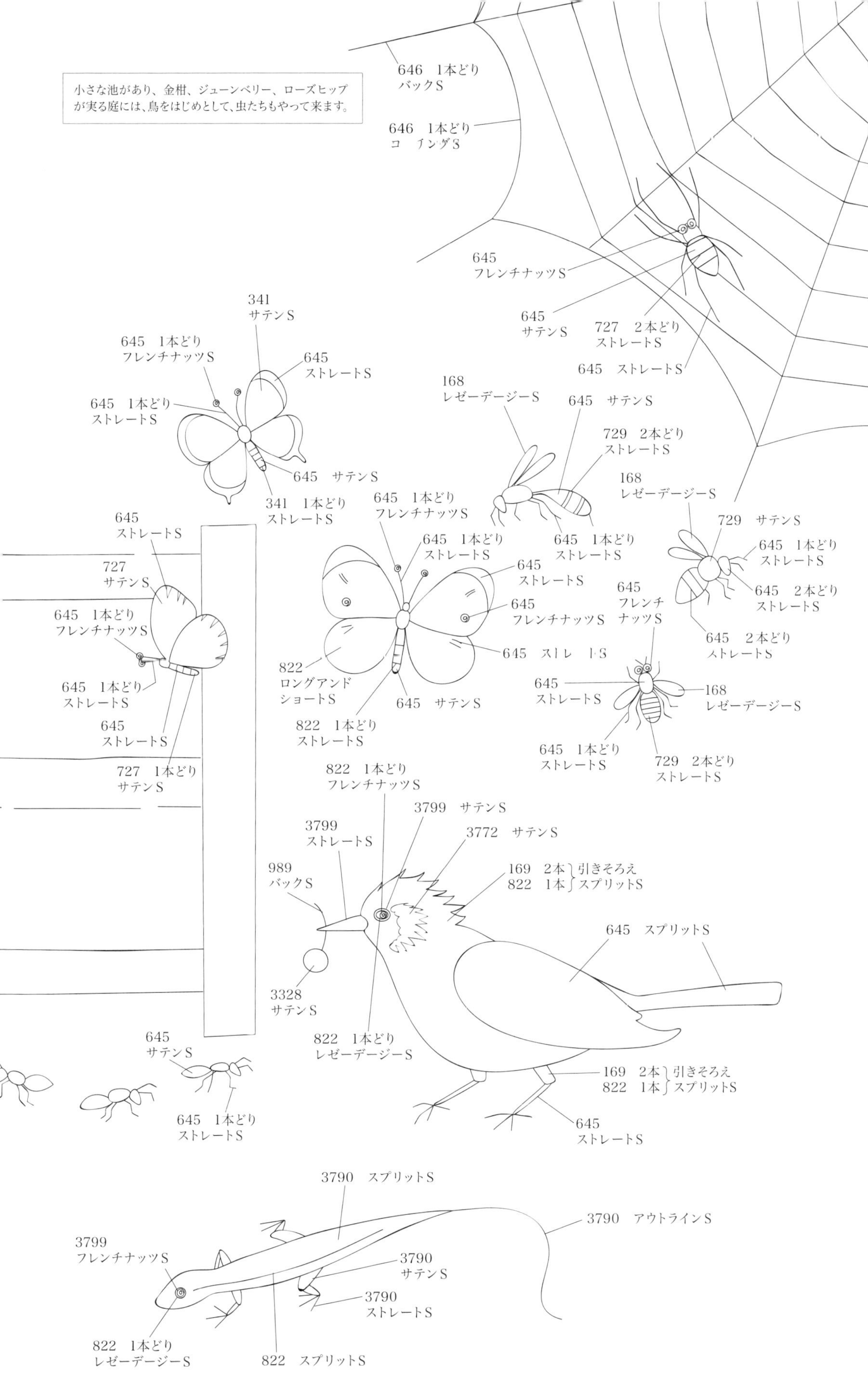

おわりに

パセリやシソ、ロケットは毎年育てる野菜ですが、
ひょんなことから4種類のトマトを育てることになり、
トマト栽培初心者の毎日が始まりました。
トマトは鉢のサイズも育つスピードも、
バラやほかの花の苗とは大違い。
鉢をかえたり，地植えにしたりとトマトに振り回された後、
無事に黄色、オレンジ色、グリーンのまだら模様、
オレンジ色のプリーツ型の実を付けました。
食べてみると、黄色（Roman Candle）と
オレンジ色（Dad's Sunset）のサクサクした食感が
美味しくて、サラダにぴったり。
トマトは特に好きではなかったのに、
数多くの品種の中に、好みのものがあることを実感。
野菜づくりにいそしむ人の、
楽しみの一端を知ることができました。
小さな花の庭がキッチンガーデンに変わっていく日も
そう遠くはないでしょう。
この『庭の野菜図鑑』はブックデザイナーの天野美保子さんから届いた
色とりどりの野菜をスケッチすることからスタートしました。
野菜の魅力を教えてくださった天野さんに心より感謝いたします。

それから、私の小さな庭の土が、
この本に特別出演をしたこともお知らせいたします。

青木和子

青木和子　Kazuko Aoki

日々の暮らしの中で、自分が手をかけて育てた庭の花や、
旅先で出会った野原や庭の花たちをスケッチしたものを、
布地に刺しゅう糸で描いていく。
ナチュラルで魅力的な作品の数々は、いとしさ、美しさ、楽しさが
大いに人々の共感を呼ぶところとなっている。
手芸家としてだけでなく、園芸家としても熱心な勉強を続けている。

『青木和子のクロスステッチ バラと暮らす』
『青木和子 旅の刺しゅう 野原に会いにイギリスへ』
『青木和子 刺しゅうのレシピ A to Z』
『青木和子 クロスステッチ A to Z』
『青木和子 旅の刺しゅう2 赤毛のアンの島』
『青木和子 季節の刺しゅう SEASONS』
『青木和子の刺しゅう　庭の花図鑑』
『青木和子 旅の刺しゅう3 コッツウォルズと湖水地方を訪ねて』
(すべて文化出版局刊)ほか多数。
フランス、中国、台湾で翻訳されている本もある。

ブックデザイン	天野美保子
撮影	安田如水(文化出版局)
トレース	day studio ダイラクサトミ
DTPオペレーション	文化フォトタイプ
協力	清野明子
校閲	堀口惠美子
編集	大沢洋子(文化出版局)

参考文献

クモ　ハンドブック　　文一総合出版
夏の虫　夏の花　　福音館
にわやこうえんにくるとり　　福音館
目にもおいしい野菜たち　　婦人生活社
野菜の便利帳　　高橋書店
ハーブ図鑑110　　日本ヴォーグ社
VEGETABLES　　Roger Phillips & Martyn Rix
LOS PLACERES DEL HUERTO　　mondadori

Special thanks

加藤美千子

刺しゅう糸提供

ディー・エム・シー
〒101-0035 東京都千代田区神田紺屋町13　山東ビル7F
TEL：03-5296-7831
http://www.dmc.com (グローバルサイト)
http://www.dmc-kk.com (WEBカタログ)

撮影協力

キレドベジタブルアトリエ
〒264-0006 千葉県千葉市若葉区小倉台5-13-4
TEL : 043-232-3470
http://www.kiredo.com

青木和子の刺しゅう
庭の野菜図鑑

2017年　3月26日　第1刷発行

著　者　　青木和子
発行者　　大沼 淳
発行所　　学校法人文化学園 文化出版局
〒151-8524
東京都渋谷区代々木3-22-1
電話 03-3299-2489 (編集)
03-3299-2540 (営業)
印刷・製本所　　株式会社文化カラー印刷

文化出版局のホームページ　http://books.bunka.ac.jp/

青木和子の本

青木和子の刺しゅう
庭の花図鑑

著者が庭で育てているお気に入りの花たち。その中から63種を選び、図鑑のように一つの植物の花、つぼみ、葉、茎、根、球根などを観察してスケッチし、フリーステッチで表現しました。

青木和子のクロスステッチ
バラと暮らす

著者自ら丹精込めて育て上げた庭のバラたち。四季の移り変りをスケッチにとどめ、図案に置き換えてステッチした作品の数々。バラとの暮らしぶりとともに紹介した「刺しゅうの詩集」。

青木和子　旅の刺しゅう
野原に会いにイギリスへ

イギリスの野原を訪ねる旅は、ワイルドフラワーの咲くメドウ(草原)、あこがれの庭、フラワーマーケット、街の中の花にも出会う旅でした。心に残る野原の風景や花のにぎわいを刺しゅうに。

青木和子　旅の刺しゅう2
赤毛のアンの島

豊かな想像力で、数多くの幸せと事件を引き起こしたアンの物語に描かれた花は、今でも咲いているのかしら……と、カナダのプリンス・エドワード島へ。植物、動物、建物、風景などを刺しゅう。

青木和子　旅の刺しゅう3
コッツウォルズと
湖水地方を訪ねて

イギリスのコッツウォルズの町と湖水地方を中心に、観光ルートではない小さな村も訪れ、カントリーサイドからのインスピレーションをもとにデザインをした刺しゅうは旅の記録でもあります。

青木和子
刺しゅうのレシピ A to Z

アルファベット26文字のモチーフを、こだわって一文字ごとに並べた刺しゅうの世界。ワンポイントで使ったり、ページをそのまま刺しゅうして額装したり。花や野菜、動物、食べ物なども満載。

青木和子
クロスステッチ A to Z

アルファベット26文字のモチーフをクロスステッチで。すごく小さいもの、うんと広いもの、おいしいもの、少し痛いもの……などコンパクトな1冊に187の図案が満載。テクニックのポイントも。

青木和子
季節の刺しゅう SEASONS

四季のいろいろなシーンを刺しゅうで描きます。フリーステッチとクロスステッチで、カレンダーや季節のお便りにも使えるデザインや、ワンポイントで使ってもかわいい図案がいろいろ。